职业院校商贸旅游专业礼仪系列教材

现代服务礼仪

薛　巍　陈晓平◎主　编

皮明霞　黄　金　杨　辉　黄　珊◎副主编

中国财富出版社有限公司

图书在版编目（CIP）数据

现代服务礼仪／薛巍，陈晓平主编 . —北京：中国财富出版社有限公司，2023. 8

（职业院校商贸旅游专业礼仪系列教材）

ISBN 978－7－5047－7976－2

Ⅰ. ①现… Ⅱ. ①薛… ②陈… Ⅲ. ①服务业—礼仪—高等职业教育—教材 Ⅳ. ①F719

中国国家版本馆 CIP 数据核字（2023）第 163614 号

策划编辑	李　伟	责任编辑	郭逸亭	版权编辑	李　洋
责任印制	尚立业	责任校对	张营营	责任发行	董　倩

出版发行	中国财富出版社有限公司		
社　　址	北京市丰台区南四环西路 188 号 5 区 20 楼	**邮政编码**	100070
电　　话	010－52227588 转 2098（发行部）	010－52227588 转 321（总编室）	
	010－52227566（24 小时读者服务）	010－52227588 转 305（质检部）	
网　　址	http：//www.cfpress.com.cn	**排　　版**	宝蕾元
经　　销	新华书店	**印　　刷**	宝蕾元仁浩（天津）印刷有限公司
书　　号	ISBN 978－7－5047－7976－2/F·3578		
开　　本	710mm×1000mm 1/16	**版　　次**	2024 年 3 月第 1 版
印　　张	14	**印　　次**	2024 年 3 月第 1 次印刷
字　　数	222 千字	**定　　价**	49.80 元

编委会

未来服务礼仪发展之路

服务礼仪是一种具有丰富文化内涵的行为规范和技巧，是时代发展和文化交流的产物。在经济全球化和文化多元化的背景下，服务业已成为全球经济的重要组成部分，服务礼仪水平的提高已成为服务行业发展的重要方向。此书将探讨服务礼仪的发展之路，重点分析服务礼仪的概念、现状以及未来发展趋势，并提出相应的建议。

随着社会的发展和人们生活水平的提高，服务行业越来越受到人们的关注。服务行业不仅为人们提供了更加优质的生活服务，还为经济发展作出了贡献。在服务行业中，服务礼仪作为一项重要的服务要素，将对服务行业的发展起到关键性的作用。因此，研究未来服务礼仪的发展之路具有重要的理论和实践意义。

中国是一个拥有优秀礼仪文化的国家。礼仪文化的传承和发展对于中国的文化传承和社会发展至关重要，中华礼仪文化也被广泛应用在服务行业中。服务行业的从业人员应该深入了解中华礼仪文化，并将其应用于工作当中，以提高服务质量和客户满意度。

服务礼仪是服务人员必备的素质和基本条件，规范的服务礼仪能让客户感受到温馨、体贴、专业和高效的服务，从而提高客户满意度和忠诚度。

目前，服务礼仪已经在酒店、餐饮、旅游、银行、保险、医疗等行业得到广泛应用。这些行业的从业者需要掌握一定的礼仪知识和规范，以便更好地为客户服务。服务礼仪在不同的行业中存在差异，需要根据不同的行业特点进行相应的调整。

未来服务礼仪的发展趋势主要表现在以下几个方面：

①个性化服务：未来服务礼仪将更加注重客户的个性化需求。服务人员需要根据客户的不同需求提供定制化的服务。

②数字化服务：随着科技的不断发展，未来服务礼仪将使用更多数字化技术。

③跨文化服务：随着全球化的发展，未来服务礼仪将更加注重跨文化交流。服务人员需要了解不同国家和地区的文化差异，为客户提供相应的服务，并在交流中避免因文化差异而产生冲突和误解。

④环保服务：未来服务礼仪将更加注重环保和可持续发展。服务人员需要了解环保知识，提供环保服务。

服务行业需要不断提升服务质量，从而提高客户满意度，并通过提高服务效率、提供个性化服务，打造良好品牌形象；同时，也需要注重创新，根据客户的需求和市场的变化不断推出新的服务，提高服务的附加值。

服务行业的核心是服务团队，因此需要注重服务团队的建设。服务团队应具备良好的服务素质和专业技能，以及团队合作意识和沟通能力。服务机构可以通过加强培训服务人员、为其提供良好的工作环境、实施激励措施等来建设服务团队。

随着人们生活水平的提高，客户对服务的个性化需求也越来越多样，服务行业需要根据客户的需求，为其提供个性化服务，比如通过收集客户信息并进行数据分析，为客户制订个性化服务计划，满足其个性化需求。

私人定制的 VIP 服务是未来服务行业发展的一个重要趋势。每个服务对象的个性爱好不同，因此服务人员需要了解客户的需求和偏好，为客户提供个性化、定制化的服务。例如，有些客户不喜欢过于正式、专业的服务礼仪，他们更倾向于轻松、自然的服务方式；而有些客户则十分注重服务细节，希望服务人员能够严格遵守规则和制度，以确保服务的品质。服务人员还需要根据客户的身心状况来提供适当的服务。例如，身体欠佳或残障人士需要更多的帮助和关注；在客户情绪低落时，需要服务人员懂一些心理学知识，给予其适当的关怀和支持。

服务人员需要提高综合素质，包括专业技能、服务意识、人际交往能力等，以满足客户的个性化需求。同时，服务机构也需要为服务人员提供必要的培训和良好的发展环境。

除此之外，未来服务行业还会随着科技的发展变得更加智能化、数字化，将借助智能化技术，实现更高效、便捷、智能化的服务，其中，人工智能将成为重要工具。服务机构可以通过智能设备和互联网技术，实现对服务人员的远程指导和管理，以提高服务质量和效率。例如，在酒店，客户可以通过手机 App 下单预订服务，而服务人员则可以通过智能设备远程查看客户需求，并实现快速响应；在餐厅中，客户可以通过手机 App 点餐、付款和评价，避免了排队和现金支付的不便，而服务人员也可以通过 App 实现对菜品和订单的管理。此外，通过智能设备还可以查看实时的客户反馈，服务机构可以根据客户反馈对服务进行优化和改进，以提高服务质量和满意度。

智能化、数字化将是未来服务行业的发展趋势，服务机构需要适应并引领这一趋势，不断拓展和升级服务模式，提高服务的效率和质量，为客户提供更为智能和便捷的服务。同时，服务人员也需要不断提升自己的服务技能，以适应未来服务行业的发展需求。

多元化服务是未来服务行业不可忽视的内容。服务人员需要了解不同国家、不同民族、不同地区的风俗习惯，以避免因文化差异而引起不必要的误会。在国内，不同地区的风俗习惯差异非常显著。例如：在南方人们习惯称呼饭店服务员为"老板"，而在北方人们则称呼为"师傅"；在广东等地，人们习惯于点菜时说"要一份"，而在北京等地则习惯于说"来一个"。在服务时，服务人员需要了解这些差异，以便更好地与顾客进行沟通和交流。不同国家和地区的文化差异更为显著。例如：在日本筷子大多是横放的，而在中国则大多是竖放的；在印度，牛肉是被禁止食用的；在中东地区，用左手抚摸头发被视为无礼的行为，而在西方国家，则可以用这种方式表达友好。在服务时，服务人员需要了解这些文化差异，并尊重不同国家、不同民族、不同地区的风俗习惯，以便更好地为客户提供个性化、贴心、专业的服务。

中国服务行业发展迅速，服务种类日益增多，各类服务机构和品牌不断涌现，服务水平和品质得到了显著提升。同时，服务礼仪在现代社会也得到了广泛的普及和应用，各类服务机构都在不断提升自身的服务水平，并加强对从业人员的相关培训和引导。

当然，随着中国服务行业的蓬勃发展，面临的挑战与存在的问题也越来越多，其中在服务礼仪上也存在一些问题，主要包括：

①服务人员教育与培训不足，服务礼仪知识普遍不够，缺乏专业的培训课程和实践机会。

②服务标准化不足，各地、各行业、各机构的服务礼仪标准不一，缺乏系统的行业标准。

③个性化服务能力不足，服务机构缺乏个性化的服务理念和模式，难以满足不同客户的需求。

④跨文化交流能力不足，服务人员缺乏相关的文化素养和跨文化交流技巧，无法应对国际化的服务场景。

为了推动服务行业的发展，需要采取以下措施：

第一，注重文化融合。服务礼仪本身就是一种文化，不同文化背景下的服务礼仪也有所不同。因此，在服务行业的发展中，我们需要注重不同文化之间的融合，充分利用全球化机遇，加强不同文化间的交流与学习，创新服务礼仪的形式和内容，提高文化包容性。

第二，优化服务流程。服务礼仪不仅能传递服务态度，更能提高服务效率和质量。优化服务流程能为顾客提供更加高效、舒适、优质的服务。未来我们需要结合实际情况，不断优化服务流程和体系，提高服务时效性和标准化程度，让服务质量得到保证。

第三，强化服务意识。服务行业以服务为本，服务意识的高低直接关系到服务质量的好坏。未来我们需要注重培养服务人员的服务意识，增强服务人员的服务自觉性，把服务理念融入服务教育和培训中，不断强调服务意识的重要性。

第四，重视人才培养。服务人员是服务行业中最重要的资源。因此，需要注重对服务人员的技能提升和培训，并鼓励他们不断学习和实践，从而提高服务水平。此外，要通过各种方式吸引优秀人才加入服务行业，并为服务人员提供良好的工作环境和福利待遇，充分调动服务人员的积极性和创造力。

第五，推广数字化服务。服务行业应该积极采用数字化技术，提高服务效率和服务质量，为客户提供更加个性化的服务。

第六，建立跨文化交流平台。服务行业应该建立跨文化交流平台，加强服务人员的跨文化交流能力和文化素养。对于国内服务行业，在传承和发展本土服务礼仪文化的同时，也需要吸取国际服务礼仪经验，学习优秀的服务理念，不断提高服务质量。

第七，加强环保服务宣传。服务行业应该加强环保知识的宣传和推广，增强服务人员的环保意识，走可持续发展之路。服务人员需要了解环保知识，提供环保服务。

如今，服务行业已成为全球价值链的重要组成部分，服务礼仪的现代化发展已成为服务行业转型升级和文化软实力提升的重要手段。在未来，服务礼仪将会继续推动服务行业的发展，规范化管理、个性化服务等将成为服务礼仪发展的主要趋势和方向，这也对服务人员的素养和能力提出了更高要求。我们需要注重文化融合、重视人才培养、优化服务流程、强化服务意识等，以提升服务水平，不断促进中国服务行业发展。我们相信，在不断的实践和探索中，中国的服务行业将不断迈向更高水平，有更广阔的发展前景。

目 录

项目一　重识礼仪篇 ·· 1

1.1　话说现代礼仪 ·· 1

1.1.1　现代礼仪的含义 ·································· 3

1.1.2　现代礼仪的特点 ·································· 3

1.1.3　现代礼仪的作用 ·································· 4

1.1.4　现代礼仪的原则 ·································· 4

1.2　认识现代服务礼仪 ·· 6

1.2.1　基本原则 ·· 7

1.2.2　重要作用 ·· 8

1.2.3　养成途径 ·· 9

项目二　服务仪容篇 ·· 14

2.1　你的形象决定你的价值 ···································· 15

2.1.1　好形象能提升个人知名度 ························ 16

2.1.2　你的形象决定你的前程 ·························· 17

2.1.3　第一印象永远只有一次 ·························· 18

2.2　仪容美 ·· 20

2.2.1　仪容的定义 ······································ 21

2.2.2　仪容的含义 ······································ 21

2.3　发型美 ·· 22

2.3.1　发型修饰礼仪 ···································· 23

2.3.2　服务人员发型规范 ···················· 26

2.4　面容美 ·· 29

2.4.1　面部清洁与护理 ······················ 30

2.4.2　女士妆容修饰 ·························· 32

2.4.3　男士修容 ······························ 38

2.5　养成重视细节的习惯 ································· 41

2.5.1　颈部修饰 ······························ 41

2.5.2　手部修饰 ······························ 42

项目三　服务仪表篇 ·· 45

3.1　服饰礼仪概述 ·· 46

3.1.1　含义及发展历史 ······················ 46

3.1.2　整体要求与原则 ······················ 51

3.2　个人色彩与体色特征 ································· 54

3.2.1　认识个人色彩 ·························· 54

3.2.2　个人色彩的分类及体色特征 ········ 56

3.3　服饰风格搭配规律 ···································· 58

3.3.1　女士服饰风格搭配规律 ·············· 59

3.3.2　男士服饰风格搭配规律 ·············· 64

3.4　形体与服饰搭配 ······································· 66

3.4.1　女士形体与服饰的搭配 ·············· 67

3.4.2　男士形体与服饰的搭配 ·············· 71

3.5　着装礼仪 ··· 72

3.5.1　女士着装礼仪 ·························· 73

3.5.2　男士着装礼仪 ·························· 77

项目四　服务仪态篇 ·· 85

4.1　服务人员的站姿 ······································· 86

4.1.1 站姿的动作要领 ························· 87

4.1.2 女士站姿 ····························· 89

4.1.3 男士站姿 ····························· 90

4.2 服务人员的坐姿 ····························· 93

4.2.1 坐姿的动作要领 ························· 94

4.2.2 女士坐姿 ····························· 96

4.2.3 男士坐姿 ····························· 98

4.3 服务人员的走姿 ····························· 102

4.3.1 走姿的动作要领及禁忌 ··················· 103

4.3.2 不同场景的走姿 ······················· 107

4.4 服务人员的蹲姿 ····························· 112

4.4.1 蹲姿的动作要领 ······················· 113

4.4.2 蹲姿的类型及禁忌 ····················· 114

4.5 服务人员的微笑 ····························· 117

4.5.1 微笑的作用 ··························· 117

4.5.2 微笑的标准 ··························· 118

4.6 服务人员的手势 ····························· 120

4.6.1 常用服务手势的选择 ··················· 121

4.6.2 服务手势的场景运用 ··················· 125

项目五 服务仪言篇 ··························· 128

5.1 服务中的倾听 ····························· 128

5.1.1 服务中的倾听原则 ····················· 130

5.1.2 服务中的倾听技巧 ····················· 131

5.2 服务中的沟通 ····························· 134

5.2.1 服务中的沟通原则 ····················· 135

5.2.2 服务中的沟通技巧 ····················· 136

5.3 服务中的礼貌用语 ························· 138

5.3.1 基本原则 ……………………………………………… 139

5.3.2 日常服务礼貌用语 …………………………………… 147

5.4 服务情景礼貌用语 ………………………………………… 160

5.4.1 酒店 ……………………………………………………… 161

5.4.2 旅游景区 ………………………………………………… 163

5.4.3 公交 ……………………………………………………… 165

5.4.4 商场 ……………………………………………………… 167

项目六 服务仪礼篇 ……………………………………………… 171

6.1 日常接待礼仪 ……………………………………………… 171

6.1.1 迎宾 ……………………………………………………… 172

6.1.2 引导 ……………………………………………………… 174

6.1.3 称呼 ……………………………………………………… 176

6.1.4 介绍 ……………………………………………………… 178

6.1.5 握手 ……………………………………………………… 180

6.2 商务交往礼仪 ……………………………………………… 184

6.2.1 端茶倒水 ………………………………………………… 185

6.2.2 乘车 ……………………………………………………… 185

6.2.3 乘机 ……………………………………………………… 186

6.2.4 驾车 ……………………………………………………… 188

6.2.5 会议服务 ………………………………………………… 188

6.3 餐饮服务礼仪 ……………………………………………… 193

6.3.1 中餐礼仪 ………………………………………………… 193

6.3.2 西餐礼仪 ………………………………………………… 197

6.4 外事礼仪 …………………………………………………… 201

6.4.1 外事礼仪的概念 ………………………………………… 202

6.4.2 外事接待礼仪 …………………………………………… 202

6.4.3 外事礼仪规范和禁忌 …………………………………… 207

项目一　重识礼仪篇

项目目标

知识目标：了解现代礼仪的含义；

　　　　　了解现代礼仪的特点；

　　　　　掌握现代礼仪的原则和作用。

能力目标：掌握服务礼仪的养成途径；

　　　　　了解服务礼仪的原则和作用。

素质目标：培养服务礼仪意识；

　　　　　塑造良好的职业形象；

　　　　　培养良好的职业规范和修养。

1.1　话说现代礼仪

任务导入

2020 年 5 月 3 日，重庆市巴南区的一名公司职员小梦，于当天上午 8 时 15 分驾车向着杨家坪方向行驶，将要经过斑马线时，发现有老人要过马路，便减速停车让行，但她怎么都没想到老人突然脱下帽子，面向她深深地鞠了一躬。那一刻，她的内心被触动了，老人的举动让她感到特别暖心。于是回家后，她把行车记录仪记下的这暖心的一幕发到微信朋友圈，很快视频传遍了网络。对此，有网友说："好棒！礼让行人的时候，能收到对方的感谢，心里确实会感到温暖。"也有网友说:"这是一股正能量,感恩的心去哪里都可以作为通行证。"

请问:

①小梦停车让老人先走,老人脱帽鞠躬行为是否属于礼仪?

②礼仪与社会生活有何关系?

任务解析

礼仪本质上是情感互动的过程,小梦让老人先行,老人深受感动,想说声谢谢但担心车里的人听不到,于是面向车脱帽鞠躬致谢。小梦和老人都遵循了相应的礼节,他们的行为举止属于礼仪的范畴。

该案例说明礼仪来源于社会生活和交往,同时又规范着人们的社会生活和交往,并随着社会生活和交往的发展而发展。

任务内容

随着社会的发展,现代服务业迈向了新时代、新征程,迎来了新机遇、新挑战。加快发展现代服务业是构建我国现代化经济体系、推动高质量发展的内在要求,也是提升我国创新能力和国家竞争力的重要举措,作为现代服务业从业人员应该强素质优服务,不断提升服务的意识。

任务图解

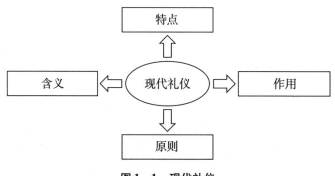

图1-1 现代礼仪

◉ 夯实知识

1.1.1 现代礼仪的含义

现代礼仪是在社交活动中体现相互尊重的行为准则。现代礼仪的核心是一种行为，用来约束人们日常社交活动的方方面面。

现代礼仪具体包括：

①个人行为礼仪，如仪容、仪表、举止等。

②日常交往礼仪，如会面、约请与应邀、拜访等。

③日常工作礼仪，如接待客户、推销产品等。

1.1.2 现代礼仪的特点

现代礼仪是指人在从事社交活动的过程中应使用的礼仪规范。现代礼仪对社交活动起着重要的作用，其本身也在不断职业化。现代礼仪除了具备礼仪的所有特征之外，还具备以下特点。

（1）变化性

随着政治、经济和文化的发展，不能满足时代发展需要的礼仪规范会不断被淘汰，而新的规范会不断出现。

（2）功利性

现代礼仪与家庭礼仪、外事礼仪有一个很大的不同点，就是它具有很强的功利性。它直接关系着经济利益的实现程度，关系着产品能不能卖得出去，以及有没有人为服务消费等。

（3）平等性

现代礼仪的前提是不论职位高低，人们要互相帮助、互相尊重，充分体现人与人之间的平等性。另外，礼仪的恰当与否、能否愉快地进行交流与沟通都是建立在尊重他人人格，尊重他人文化和习俗等原则的基础之上的。

（4）实用性

在提高效率和经济效益的驱动下，现代礼仪发展的特点是越来越实用和简约。正在开会的男士看到女士进来需不需要起身迎接呢？答案是并不需要起身，原因是如果起身会影响工作。

（5）趋同性

尽管世界上各个国家的礼仪规范不尽相同，但随着世界经济一体化趋势的发展，各国的礼仪规范如今也在融合发展。人们在商业交往中，经过不断磨合与交流，慢慢会找到一套大家都认可的礼仪规范。

1.1.3　现代礼仪的作用

现代礼仪是人们日常社交的行为规范和准则，对于塑造良好形象、扩大社会交往具有十分重要的作用。

（1）沟通作用

社交活动是一种双向交往活动。良好的现代礼仪能够拉近人们之间的距离，从而帮助建立起良好的人际关系。反之，如果没有良好得体的现代礼仪，则很容易使对方产生排斥心理，从而留下不佳印象，造成人际关系紧张，进而影响到社交活动的顺利进行。

（2）协调作用

现代礼仪是社会交往的"润滑剂"，能够增进理解，以建立相互尊重、友好合作的关系，消除不必要的障碍。

（3）规范作用

礼仪最基本的功能就是规范各种行为。现代礼仪可指导人们在社交活动中的行为，树立良好个人形象。

1.1.4　现代礼仪的原则

（1）诚恳原则

"诚"是人与人相处的基本态度，人际交往中，诚为第一原则，交往中的礼仪也应是真诚的。

（2）尊重原则

相互尊重是建立良好人际关系的基础。相互尊重是交往的前提。人与人之间是如此，国家之间、民族之间、团体之间也是如此，应彼此尊重对方的风俗、习惯等。

（3）遵守原则

礼仪规范是为了维护正常的社会生活秩序而形成和存在的，每个人都必须自觉遵守执行。如果违背了礼仪规范，就会受到社会舆论的谴责。

（4）自律原则

自律就是把外在的强制约束转化为内在的自觉意识和行动，礼仪重在自律。

（5）宽容原则

宽容是创造和谐人际关系的法宝，一个注重礼仪的人应具有宽阔的心胸、坦荡的襟怀，应善解人意。每个人生活的环境不同、性格有异、见解有别，就需要相互理解、包容，以达到和谐相处的目的；不能以己之长笑人之短，不要自恃清高，不要把自己的习惯强加于人。要互相尊重，和睦相处。

（6）适度原则

人际交往中要把握好特定环境下的社交尺度。在施礼、讲礼时要把握好"度"，要适度，不能过分。

📍 小案例

李小姐的"礼貌"

一天，参加工作不久的李小姐被派到外地出差。在卧铺车厢里，她碰到一位来华旅游的美国姑娘，美国姑娘热情地向李小姐打招呼，李小姐觉得不与人家寒暄几句实在显得不够友善，便操着一口流利的英语，大大方方地与对方聊了起来。交谈中，李小姐有点没话找话地询问对方："你今年多大呢？"美国姑娘答非所问地说："你猜猜看。"李小姐又问道："你这个岁数，一定结婚了吧？"令李小姐吃惊的是，对方居然转过头去，再也不理她了。

请问：

①这位美国姑娘是不是没礼貌？

②美国姑娘为什么不理李小姐了？

小知识

1. 不学礼，无以立。——孔子
2. 人无礼则不生，事无礼则不成，国家无礼则不宁。——荀子
3. 礼，天之经也，地之义也，民之行也。——《左传》
4. 人有礼则安，无礼则危。——《礼记》

1.2　认识现代服务礼仪

任务导入

真丝手帕

国内某家旅行社的导游小李要接待一批来华旅游的意大利游客。于是，小李订购了一批杭州制作的真丝手帕，每个手帕上绣着花草图案，十分美观。手帕装在特制的纸盒内，盒上印有旅行社社徽，显得很是精致。小李带着礼物，到机场迎接来自意大利的游客，在车上，他代表旅行社赠送给每位游客两盒包装精美的手帕作为礼品。没想到游客接过手帕后，议论纷纷，表现出很不高兴的样子。特别是一位夫人，大声叫喊，表现得极为气愤，还有些伤感。小李慌了，心想为什么好心好意送游客礼物，不但得不到感谢，还出现这般场景？

请问：

①案例中的意大利游客在收到导游小李送的真丝手帕时为什么会不高兴？

②旅游从业人员在服务过程中要遵循哪些原则？此案例中的小李违背了旅游服务礼仪的什么原则？

任务解析

在意大利有这样的习俗：亲朋好友在告别时会送上手帕，意为"擦掉惜

别的眼泪"。在本案例中,意大利游客刚踏上盼望已久的中国大地,准备开始愉快的旅行,就让他们"擦掉离别的眼泪",他们当然不高兴了。

服务从业人员在服务过程中要遵循的原则有尊重、自律、宽容等。案例中的小李在旅游服务过程中没有提前了解和尊重意大利人的风俗习惯,违背了尊重原则。

🔘 任务内容

中国是一个历史悠久的文明古国,素有"礼仪之邦"的美称,有重视礼仪教育的优良传统。在一定意义上,礼仪反映了一个国家、地区或民族的文明程度和文化水平。随着社会的进步,服务的理念越来越深入人心。一个企业的服务水平、服务质量,将直接影响其整体形象,以及所产生的经济效益和社会效益。因此,服务礼仪已受到各界的广泛关注。目前,在服务行业及其他相关行业,普及、推广服务礼仪具有多方面的重要意义。

🔘 任务图解

图 1-2　现代服务礼仪

🔘 夯实知识

1.2.1　基本原则

(1) 尊重真诚原则

在服务中要时刻把客户放在首位,真诚地对待客户,并让客户感到满意。而要做到这一点的前提是了解对方的情况。比如,接待外籍客户时要结合其国家的国情和民族、文化背景,运用恰当的礼节、礼仪来表示对其的尊重。

对于一些具有宗教信仰的客户，必须先了解他们的宗教禁忌，要做到心中有数，避免冒犯。

（2）理解宽容原则

理解就是要能理解客户的情感，能体谅客户。服务人员在工作中要懂得宽容，要多站在客户的角度换位思考，理解客户的观点、立场和态度，不要斤斤计较；面对客户提出的一些过分的甚至是失礼的要求时，要沉着应对，切不可与客户争执；当客户确实有过错时，要学会宽以待人；在客户提出批评意见时，要本着"有则改之，无则加勉"的态度耐心倾听。

（3）热情合宜原则

在服务工作中，每位服务人员都要始终面带微笑，接待客户时要主动热情，做到有问必答、有呼必应。始终热情地解决客户的各种问题，让客户感受到温暖。合宜则是强调人与人之间的交往与沟通一定要遵循适度性原则，注意社交距离，牢记过犹不及的道理。因此，礼仪行为要特别注意不同情况下礼仪方式的区别，坚持因时、因地、因人的合宜原则。

（4）自律守信原则

礼仪的最高境界是自律，自律的基础与前提是服务人员必须把礼仪规范、服务纪律内化为自觉行动的指南，即在没有任何外在监督的情况下，仍能自觉地按照礼仪规范约束自己的行为。服务人员不仅要了解和掌握具体的礼仪规范，而且要在内心树立一种道德信念。在服务中处处自我约束，时时检查自己的行为是否符合礼仪规范，在工作中严格按照礼仪规范接待和服务客户，并且做到不管有没有上级主管在场，行为都保持一致，把礼仪规范变成内在素养。

1.2.2　重要作用

（1）有助于服务人员的自我完善

礼仪修养是现代社会做人做事必备的基本功，是个人素质的体现。西方社会把礼仪视为人生成功的第一课。我们要想在现代社会中寻得发展空间、实现自我价值，就必须有良好的礼仪修养，做一个有修养、有品位、有气质、有风度、懂得爱己爱人的人。

（2）有助于解决服务纠纷

服务人员面对的客户形形色色，在服务过程中，难免出现一些纠纷。这时就需要服务人员有良好的礼仪修养。要有礼有节地处理纠纷，不管发生什么事情，都不能与客户发生争吵、打斗等不礼貌行为。

（3）有助于提高服务质量

服务质量是服务行业的生命线。服务人员如果具备良好的礼仪修养，有"宾客至上"的服务意识，有真诚的服务态度，有优雅得体的言行举止，就能够给客户留下美好的印象，从而提高服务质量。

（4）有助于塑造服务机构形象

客户对服务机构的评价往往取决于该机构服务人员的服务质量。

（5）有助于树立良好的国家形象

服务行业是一个国家的窗口行业，来自世界各地的客户往往通过与其接触的服务人员来判断、评价一个国家或一个地区的文明程度。服务人员良好的礼仪修养会产生积极的宣传效果，从而有利于树立良好的国家形象。

1.2.3　养成途径

服务礼仪表面上看是一种行为，但归根结底是一种素养，不是先天具备的，而是后天学习的结果。礼仪素养的培养是一个漫长的过程，不能一蹴而就。总体来讲，良好服务礼仪的养成可以通过以下途径实现。

（1）增强服务意识

对服务人员而言，增强服务意识是提高服务水平的前提。只有服务人员形成良好的服务意识，才能端正服务态度，积极主动去了解服务对象的要求，履行服务的礼仪规范，并根据客户的意见和建议不断提升自己的服务水平。

（2）增强个人礼仪文化涵养

首先要有丰富的礼仪知识，才能有得体的服务行为。一个彬彬有礼、言谈友善的服务人员，会让人感觉春风拂面，给客户带去欢乐，给社会带来温暖。因此，服务人员要持之以恒地学习礼仪知识，自觉接受礼仪的熏陶。在实际工作中务必有意识地不断学习不同国家、地区、民族的礼仪知识，提高自己的礼仪素养。

（3）加强道德修养

道德是人们在生活中的行为准则与规范。道德修养对一个人的行为有着十分重要的影响，要想成为温文尔雅、彬彬有礼的人，必须有良好的道德修养作为基础。服务人员只有加强道德修养，才能更好地做好本职工作，切实满足客户的要求。

（4）积极参加礼仪实践

现代社会人际交往越来越广泛，对相关礼仪的要求越来越严格，仅从理论上弄清礼仪的含义和内容，而不在实践中运用是远远不够的，礼仪修养关键在于实践。服务人员要以主动积极的态度，坚持理论联系实际，将自己学到的礼仪知识应用于社会生活实践的各个方面。既要在岗位上时刻自觉地遵从服务礼仪的要求，用礼仪来规范自己的言谈举止，又要在日常社交场所多听、多看、多学，不断提高自身的礼仪修养。

📍 小案例

中国好导游

文花枝曾是湖南省湘潭市新天地旅行社的一名导游。2005年8月28日，文花枝在带团途中遭遇车祸，6人死亡，15人重伤。文花枝全身多处骨折，数度昏迷。当营救人员想把坐在车门口第一排的文花枝抢救出来时，她没有忘记身为一名导游的神圣职责，说："我是导游，我没事，请先救游客!"由于错过最佳救治时间，她左腿高位截肢。

文花枝一直是一位用真诚的笑容面对游客的阳光女孩。她常说，作为导游，就是要把游客当成朋友和亲人。每带一个团，她都按事先的承诺服务；每到一个地方，她都提醒游客购物要谨慎；每到吃饭的时候，她都先安排好游客，自己最后才吃。游客称赞她是人品上的"导游"，更是职业道德上的"导游"。

请问：

①文花枝身上展现了导游哪方面的礼仪修养？

②我们要向文花枝学习她的哪一点？

📍 小知识

社交九不要

①不要到忙于事业的人家去串门，即便有事必须去，也应在办妥后及早告辞。

②不要故意引人注目，喧宾夺主；也不要畏畏缩缩，自惭形秽。

③不要对别人的事过分好奇，再三打听，刨根问底；更不要去触犯别人的禁忌。

④不要搬弄是非，传播流言蜚语。

⑤不要要求旁人都合自己的脾气，须知你的脾气也并不合于每一个人，应学会宽容。

⑥不要服饰不整、不洁，或身上有难闻的气味；反之，服饰过于华丽也会惹人不适。

⑦不要毫不掩饰地咳嗽、打嗝、吐痰等，也不要当众修饰自己的容貌。

⑧不要长幼无序，礼节应有度。

⑨不要不辞而别，离开时，应向主人告辞，并表示谢意。

✏️ 项目小结

服务礼仪是指服务人员在自己的工作岗位上向服务对象提供服务时的标准的、正确的做法。服务礼仪的重要特征是实用性很强。同礼仪的其他门类相比，服务礼仪具有规范性和可操作性等特点。具体来讲，服务礼仪主要以服务人员的仪容规范、仪态规范、服饰规范、语言规范和岗位规范为基本内容。在具体问题上，服务礼仪对于服务人员应该怎么做和不应该怎么做，都有详细规定和具体要求。离开了这些由一系列具体做法所构成的基本内容，服务礼仪便无规范性与操作性可言。在普及、推广服务礼仪的过程中，强调服务礼仪的规范性、可操作性是必要的。服务人员只有明确了服务过程中正确与不正确的做法，才能够更好地为服务对象服务。与此同时，还应要求服务人员学习并掌握一些服务礼仪的基本理论，即运用服务礼仪的一般规律，它是对服务礼仪及其运用过程的高度概括。

实践体验

情景训练①：

黄同学走到银行柜台前，想查询父母为他寄来的生活费是否已经到账。看到柜员正在低头忙着处理各种票据……

①从语言表达和行为举止两个方面，谈谈黄同学应该如何完成咨询事宜。

②2 人一组，1 人扮演黄同学，1 人扮演银行柜员。

③规范地演示这个过程，最后由同学评议，老师点评。

情景训练②：

赵同学到食堂就餐，刚进食堂，看到成群的人在前面拥挤。他们都举着自己的饭盒，向炊事员大声喊道："该我了，我已经等很久了！""喂，这里啊，我也等了很久了！"

①面对这种场面，赵同学该怎么做？

②8 人一组，1 个人扮演赵同学，6 个人扮演买饭的同学，1 个人扮演炊事员。

③规范地演示这个过程，最后由同学评议，老师点评。

根据实践体验内容，在素养评价表中（见表 1－1），对学生完成活动所涉及的能力进行评分，没有涉及的能力不评分，每种能力满分 5 分。可以是自评，可以是同学评，也可以是师评。

表1-1 素养评价表

能力项目	细化指标	评分	能力项目	细化指标	评分
信息处理	信息获取		心理素质	自信	
	信息分析			包容	
	信息归纳			沉着	
	信息构建			耐心	
	信息总结			积极乐观	
沟通展示	有效表达		职业态度	尊重含蓄	
	注意倾听			诚信	
	展示技巧			敬业	
	沟通说服			负责任	
团队合作	体现善意			独立	
	乐于协作			上进	
	贡献度			主动	
	领导力		安全环保	做事规范	
计划决策	逻辑顺序			注重安全	
	遵循规章流程			环保意识	
	相关因素考量			关注细节	
	目标明确		专业能力	专业理论	
	对比分析			专业实践	
语言表达	积极应对			规范熟练	
	清晰表达		其他		
	语言通俗易懂				
	表达内容明确有意义				
	不冲动、不莽撞				
	有自己的沟通风格				

项目二　服务仪容篇

项目目标

知识目标：了解仪容的含义及定义；

掌握发型修饰礼仪和发型规范；

能正确修饰自己的仪容；

掌握服务人员仪容礼仪规范要求。

能力目标：提高服务人员的形象气质；

培养学生良好的职业规范和职业道德。

素质目标：培养学生规范仪容的意识；

培养学生塑造良好第一印象的意识。

任务导入

小梦和小夏是大学同学，在校期间成绩和能力各方面都不相上下，毕业后一起应聘同一家公司。面试当天，小梦梳了一个精神抖擞的发型，穿了一身得体的职业装；小夏则是一身特别时髦的打扮，穿了一条破洞牛仔裤，自己感觉酷酷的。面试结束后，面试结果却让小夏傻眼了，小梦如愿进入了公司，而小夏却没应聘上。了解原因后才知道，是面试官觉得她的穿着太过时髦，给人一种不稳重的感觉，一致认为小梦比她更适合这份工作。

请问：

我们该如何注意自己的形象呢？

任务解析

我们认识一个人往往是从认识他的外在形象开始的。形象是一个人的标签，是一个人外在特征和内在气质的组合。

人们通常根据一个人的穿着、举止、言谈等对他的形象做出评价。因此，形象至关重要，甚至会影响这个人的前程、人际关系、声誉和名望等，最终影响他的人生。

2.1　你的形象决定你的价值

任务内容

懂得展示自己魅力的人，更容易得到他人的信任，获得他人的欣赏，也会获得更多的机遇。交际、求职、工作，无一不需要良好的形象，个人形象的好坏直接影响到个人事业的成功与否。

形象是事业的助推器，良好的形象对事业的成功起着促进的作用，而欠佳的形象则会阻碍事业的顺利发展。树立一个可信任、有竞争力、积极向上的形象，可以使人在群体中快速脱颖而出。

任务图解

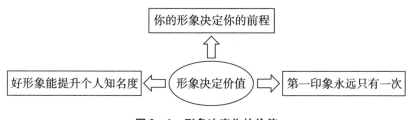

图 2-1　形象决定你的价值

◎ 夯实知识

2.1.1 好形象能提升个人知名度

一个成功的形象，能够展示个人能力，与此同时，它也会让你对自己的言行有更高的要求，能鼓励你为了维护自身形象而更好地遵循礼仪规范。

生活中，一个人的人际关系与其形象有多大关系，似乎没有人能说得清。但有一点是必须承认的，即拥有很多的朋友、拥有良好人际关系的人，他的形象一般更具魅力，获得的机会也更多。同一个任务，为什么有的人能圆满、得体地完成，而有的人使出浑身解数，还是失败了？这里面虽然有一些客观因素，但主观上来说还是在于人们是否喜欢你，是否愿意帮助你并与你合作。人们往往愿意帮助那些值得帮助的人。当然，是否值得帮助与这个人的形象不无关系，拥有好形象的人就像股市投资者眼中的绩优股一样。

人除了外在形象，内在形象也很重要，通过内在形象的提升能大大弥补外在形象的不足，让整体形象得到改善并焕发光彩。不要挑剔自己的长相，不要对美设置固定的标准，不管你长什么样，都要活出自我来。

在职场，如果想要尽快升职，提高知名度最为关键。同样，如果想在工作岗位获得领导的更多关注，或者给人留下深刻印象，就得学会推销自己，提高知名度。尤其当你身处一家知名大公司，个人形象和知名度就更加重要——这是与前程息息相关的职场潜规则，你必须学会通过正确方式树立个人形象。

你有没有想过，为什么有些非常杰出的人在单位里却始终默默无闻？原因之一便是他们不注重宣传自己，或者宣传了却又弄巧成拙，变得更糟糕。同样，有些人也许对某项重要的工作或任务非常感兴趣，却因为不够主动而最终被忽视。

好形象是你的宝贵资源，它令你工作起来如虎添翼。好形象3分源自外表，7分源自内心。内在形象是通过言谈举止等外在行为树立起来的，它是一种最高尚的美，包含一个人的道德品质、精神境界、思想情感等。如果你把内在素养、言谈举止同经过修饰的仪容和适当的衣着结合在一起，你的整体形象一定会有所提高。

2.1.2　你的形象决定你的前程

社会交往中人们常常根据你的服饰、发型、手势、声调、语言等外在因素判断你的内在素养，并对你产生一个基本印象。这个印象在职场中影响着你的升迁，在交往中影响着你的人际关系，它无时无刻不在影响着你的生活。

如果渴望升迁，你就需要塑造一个成功者的形象。工作效率、能力、可靠性及勤奋是获得提迁的重要条件，但并不是有了这些条件你就一定能在职场中胜出。如果忽略了对整体形象的塑造，你可能得不到领导的关注和同事的认可。只有拥有一个与期待职位相符的形象，你才能有更大的发展空间，领导和同事才能相信你适合这个职位。

形象在我们的职业生涯和人际交往中发挥着不可替代的作用，我们应当时刻维护好自己的形象，努力提升自己的形象"知名度"。当形象"知名度"越来越高的时候，你的事业也会越来越成功。

作为一名员工，除了在语言上要注意之外，在着装上也应注意，因为好的员工知道自己的形象能够反映公司的形象。着装的首要标准是整齐顺眼、清清爽爽。不论是办公室职员，还是接待客户的服务人员，要是穿着脏兮兮的衬衫、皱巴巴的裤子，一副散漫的模样，很难给人留下好印象。

假设领导有两个下属，工作能力相当，工作效率也不分伯仲。如果只能给一个人升职，领导通常会重点关注他们平时的着装和言谈举止。

我们应该怎样打造自己的形象呢？最简单的方法就是：当你站在镜子前时，第一眼看到的应该是你的脸，衣服的颜色和款式是用来突出你的脸的，如果第一眼看到的是你的鞋子或头发，那可能就是你打扮得不对了。然后，再从头到脚审视一番，如脸、头发是否干净，衣服是否整齐。还要检查服装颜色、图案与你的肤色、身材是否协调，服装的款式是否适宜，因为这不仅是把一套漂亮的衣服穿在身上就行了，还要考虑衣服的颜色、款式是否适合你的身材、肤色和职业。

通过精心的设计，丑小鸭也会变成白天鹅。提升形象不仅是装饰外表，还要借外在表现内涵，而内涵的提升就是一个长期的积累过程。你必须从自身条件出发，尽最大的努力，充分展现自己的特质。外在条件只是你的助手，而你才是自己形象的真正主人。即便你算不上漂亮，仍然可以通过整洁的衣着、得体的举止，塑造良好的形象。

如果你所从事的职业与时尚有关，需要引领时尚潮流，那么打扮得前卫一点便无可厚非，穿得保守老套反而会让人感到专业性不强；如果你所从事的职业与时尚不相关，却穿着奇装异服，你就会引起领导与同事的不满，甚至可能被"炒鱿鱼"。

2.1.3　第一印象永远只有一次

在与陌生人交往的过程中，所得到的有关对方的最初印象称为第一印象。第一印象主要根据对方当时的表情、谈吐、身材、容貌和服饰等形成，它经常会对这个人的生活产生深远的影响。

一个人留给别人的第一印象是很难被改变的。第一印象好的人获得了成功，通常会被人认为是因为有能力，而第一印象不好的人获得了成功，则会被认为是耍了什么手段。

心理学家研究发现，第一印象的形成是非常短暂的，有人认为是见面过程的前40秒，有人甚至认为是前3秒。在一眨眼的工夫，人们就已经对你有了初步认识，有时这初步认识甚至会决定你的命运。因为在生活节奏紧张的现代社会，很少有人会愿意花时间去深入了解一个第一印象不好的人。大部分人与他人交往都依赖于第一印象。毫不夸张地说，第一印象的好与坏几乎可以决定别人是否愿意与你继续交往。

在商务合作中你留给对方的第一印象是非常重要的，留下好的第一印象，才有机会合作；留下一个不好的第一印象，很多情况下，人们会拒绝与你合作。一些寻求商机的人，就因为留下糟糕的第一印象，而失去了潜在的合作机会，这种案例数不胜数。尽管有时第一印象并不完全准确，但第一印象如同在一张白纸上用墨水写字，写下了就难以再抹去。

人们总是习惯于通过第一印象来了解一个人。尽管我们常理直气壮地讲："不要以书的封面来判断其内容。"但是不可否认，绝大多数的人都这么做，包括我们自己。别人在根据我们的外表和举动判断我们，我们也通过观察别人的长相、身材、服装、言语、声调、动作等来判断他们。

当走进一个陌生的环境，人们会靠直觉对你进行至少 10 项判断：经济条件、教育背景、社会背景、精明老练度、可信度、婚姻状况、家庭背景、成功概率、年龄、艺术修养等。常听人讲："一看他就知道他是一个什么样的人。"这就是第一印象，它的产生只需要几秒至几十秒的时间，而在这短短的时间内，人们就可以了解你的生活经历，预期你的未来发展。在交友、求职等社交活动中，我们应展示给他人一种积极向上的精神面貌，为以后的交往奠定基础。

第一印象在社交活动中十分重要，为了留下好印象，我们要注意提高各方面的素质。一是要注重仪容仪表，一般情况下人们都愿意同衣着干净整齐、落落大方的人接触和交往；二是要注意言谈举止，言辞幽默，不卑不亢，举止优雅，才能给人留下深刻的印象。

因此，在职场中，应时刻保持自己良好的职业形象，在交往中留给别人无可挑剔的第一印象。

📍 小案例

一个著名企业家曾在日记中记录了这样一件事。有一次，他去理发，理发师十分尖锐地批评他的仪容："您是公司的代表，却这样不注重仪容，别人会怎么想？连您都这么邋遢，您公司的产品还会好吗？"企业家觉得确实如此，每次接洽商谈时，总会遇到一些不顺利的小插曲……

理发师建议，为了公司的形象，企业家应到专业的理发店去理发。企业家觉得很有道理，之后就非常重视自己的仪容了，并要求公司所有的员工都这样做。

此后，公司所有员工看上去都精神抖擞、充满自信，果然公司之后的签单更加顺利了！

◉ 小知识

不要天天只知道忙于工作，而忽视了自身良好形象的塑造。良好的形象可以在事业上助你一臂之力，而不好的形象有可能影响你的事业。

曾有一位投资者在对项目进行评估时说："我们实际上是在对人进行投资。一个一流的人才，可以把一个三流的项目做成一流，而一个三流的人才可以把一个一流的项目做得不入流。"其实，他们只能通过短暂的接触来评估一个人，这时外在形象及交流能力就是最重要的因素。

出色的形象会帮助你在商务交往中少走弯路，减少不必要的挫折。

2.2　仪容美

◉ 任务内容

仪容是指人的外貌，尤指动人的或健康的外貌。仪容美的基本要素是貌美、发美、肌肤美，主要要求干净整洁。美好的仪容能给人以健康自然、生动而有活力的深刻印象。

◉ 任务图解

图 2-2　仪容

◉ 夯实知识

仪容礼仪作为服务从业人员个人形象塑造的第一步，在服务中起到至关重要的作用。仪容礼仪的关键是要做到符合"美"的要求，即自然美、修饰美和内在美三个方面的高度统一。良好的仪容既能体现自身素养，又能表示对他人的尊重，还能树立服务人员所在企业的形象。因此，服务人员应学会设计和修饰个人形象，展现仪容美。

2.2.1 仪容的定义

一、仪容的定义

仪容通常是指人的外貌。在人际交往中，仪容会影响对方对自己的整体评价。由此可见，仪容在交际中十分重要。我们应做到仪容整洁，精神饱满，面带微笑。

从微观上讲，仪容是个人形象的体现，是自尊自爱的表现，关系着个人的精神面貌和给人的第一印象。从宏观上讲，仪容是所在公司形象的展现，是公司文明服务水平和管理水平的体现。

在现代社会，仪容格外重要，在私人聚会、商业活动、政治活动，甚至是外交活动中，都要仪容整洁干净。

二、仪容注意事项

为了维护自身形象，在仪容的修饰方面要注意 3 点：

①仪容要干净整洁。要勤洗澡、勤洗脸，脖颈、手要干干净净，并经常注意去除眼角、口角及鼻孔的分泌物。应注意口腔卫生，早晚刷牙，饭后漱口。指甲要常剪，头发按时理，不得蓬头垢面，

②仪容应当简约。仪容既要修饰，又忌讳过度修饰。

③仪容应当端庄。仪容庄重大方，不仅会给人以美感，而且会更容易赢得他人的信任。

真正意义上的仪容美，应当是上述 3 个方面的高度统一，忽略其中任何一方面，都会影响仪容美。

2.2.2 仪容的含义

1. 仪容的自然美

仪容的自然美是指仪容的先天条件。尽管以貌取人不可取，但先天美好的容貌无疑是赏心悦目的。

2. 仪容的修饰美

仪容的修饰美是依照规范与个人条件，对容貌进行必要的修饰，扬长避短，设计美好的个人形象。

3. 仪容的内在美

仪容的内在美是指通过努力，不断提高个人文化修养和思想道德水平，培养高雅的气质，丰富自己的内涵，使自己言行一致、表里如一。

在这三者之间，仪容的内在美是最高境界，仪容的自然美是人们的心愿，而仪容修饰美则是礼仪关注的重点。修饰仪容的基本原则是美观、整洁、得体。

📍 小案例

小梦是一名公司的职员，即将陪经理去见客户谈项目，她考虑到自己的形象会影响公司的形象，应该注意自己的仪容，那么她该从哪几个方面入手呢？

2.3 发型美

📍 任务内容

发型，即头发的整体造型。发型是一种独特的语言，美丽的发型是良好形象的重要组成部分。一个合适的发型会为你增添无限魅力，而一个不合适的发型会使你顿失光彩。发型不仅要符合你的身份、气质，还必须与妆容、服饰及场合相协调。

发型是礼仪的一部分，头发整洁、发型大方是对发型美的最基本要求。整洁大方的发型易给人留下神清气爽的印象，而披头散发则会给人以萎靡不振的感觉。随着时代的发展，人们对发型美的要求也越来越多样化、艺术化。一般来说，发型本身是无所谓美丑的，但只有当发型与自己的脸型、体形相匹配，与自己的气质、职业、身份相吻合时方能显现出真正的美。决定发型美的许多因素是人无法随意改变的，但通过对不同发型的选择，可以充分展现自己美的部分，而让别人忽视自己的缺陷，从而起到扬长避短的作用。

任务图解

图 2-3　发型

夯实知识

2.3.1　发型修饰礼仪

修饰仪容应当"从头做起"。选择发型，除兼顾个人偏好外，最重要的是要考虑个人条件和所处的场合。如商务活动时，女士头发不宜过肩部，必要时应盘发、束发；男士不宜留鬓角、发帘，头发的长度最好不要长于 7 厘米，即大致不触及衬衫领口；剃光头对于男女都不合适。

发型能够反映个人修养与品位，还是个人形象的核心组成部分，发型要整洁、大方。服务人员的发型不仅要美观大方、符合工作规范，而且要与自身的脸型、身材、年龄、性格和气质等因素相符合，才能给人以美的享受。

头发应勤于梳洗，保持自然光泽，洁净整齐，无异味，无头屑，肩、背无落发。在正式场合，发色不能染成自然色以外的颜色，也不要过多使用彩喷或啫喱水。

一、头发清洗与护理

头发是礼仪的重要组成部分，蓬头垢面在社交场合是极为失礼的。光亮、柔顺的秀发，再配以端庄、美观的发型，可以为自己的形象增辉。

头发的发质可分为干性、中性和油性三类；头发按粗细可分为粗发、一般发、细发三种；头发的形状有直发、波状发和卷发等。

1. 洗发

洗发可以去除头发上的灰尘和头皮的分泌物，有助于头发生长和头皮健康，为了保持头发的清洁，一般 2～3 天洗一次头发，若是油性头发，则应该勤洗。服务人员要做到头发无异味、无头皮屑等。

2. 梳发

梳发不仅能使头发整齐美观，而且可以促进头部血液循环，帮助从头发的根部输送营养到发茎、发梢部分，保持头发的光泽。出门前、上班前、摘下帽子后、下班回家后都要对着镜子认真梳理头发。

梳发要选择合适的工具，木头、牛角等自然材料做成的梳子对头发的损伤较轻。头发要勤梳，养成早晚梳头的习惯，先从前额的发际向后梳20下，再从脖颈处沿发际从后向前梳20下；从左、右耳的上部分分别向后各梳20下，持之以恒，对头发大有益处。服务人员要做到上岗前、脱帽后梳理头发，但注意不要当众梳理。

3. 剪发

要定期修剪头发，男士最好每月一次，女士则视情况而定。对于服务人员，男士修剪头发要注意前不附额、侧不掩耳、后不及领，不烫染头发；女士的发型以端庄、简洁为宜，注意别让刘海遮住眼睛。

4. 护理

头发的科学护理主要分护发和美发两个步骤。护发是美发的基础，护发要及时清洗发丝，适时营养调理头皮。美发是护发的目的，美发需精心设计发型，认真修剪打理。

（1）按摩头部

按摩头部是保持头皮健康的重要手段。按摩的正确方法是：将十指分开，从前向后做环状揉动，反复多次，按摩后头皮会有发热和紧缩的感觉，有利于头部血液循环，促进头发生长，防止头发脱落。

（2）季节护理

春天头发生长较快，但因新陈代谢旺盛，头发中的水分易蒸发，应注意护理头发，适当增加营养。夏天出汗多，应勤洗头，外出时注意防晒，以防止强光损伤头发。秋季气候干燥，头皮屑多，头发易脱落，因此，要多用护发产品加强护发。冬季气温低，头发的生长会变慢，应减少洗头的次数，给头发补充营养，并适当按摩头部。

5. 注意事项

每天整理头发的过程最好在家里完成，不要在大庭广众之下进行。如果在众人面前突然发现你的头皮屑落到衣服上或头发有些散乱，就赶紧找一个最近的洗手间把它们收拾好，千万不要当众拍打头皮屑，那样会让你精心修饰的形象瞬间黯然。

头部位于身体的最上方，是最引人注目的部位。当你和别人近距离接触时，头发就有可能变成你的"闪光点"。但是这个"闪光点"究竟该闪什么样的光，就要看你的妙手了。

二、发型设计

发型设计强调自然美和修饰美的结合。发型设计的基本要求是美观、大方、整洁。发型设计要领是：根据年龄、发质、体形、脸形、职业、气质等因素设计出与之相符的个性发型，以体现个人的审美要求和性格情趣。

三、发型与脸形

发型要与脸形、身材、年龄、性格和气质等相适应，才能产生良好的效果，脸形与发型适配尤为重要。

1. 小巧脸形

要收拢头发，除去刘海儿，将头发束在脑后，以放大面部占比，使头发紧贴头皮。

2. 方形脸

对于这种脸形，发型处理上需对下颌两侧的线条进行柔化处理，以发型修饰脸形，切角成圆，用下垂的头发挡住两侧的大颌角。顶发应蓬松高耸，额前两鬓角用刘海儿遮盖，线条要明朗，以显脸长。头发侧分，不宜太偏。

另外，这种脸形适于烫发，波浪要大，避免头发平直，应用圆润的线条减弱对脸部棱角分明的视觉印象。发型要求上边松，下边紧，显得颈部较长。剪短发的女士也可梳理出挡住额廓的款式，头顶部分比较厚，看起来好像是一顶小帽子。

3. 长形脸

对于这种脸形，发型应当顶部低，适当遮额，两侧松而圆，使脸部线条

25

柔和，以活泼的发式来削减脸长带来的严肃感。长形脸的女性宜选择短而宽的发型，如童花式、翻翘式短发或娃娃头。这种脸形的人不宜留直线形的长发，避免头发往后梳。

4. 圆形脸

对于这种脸形，发式宜长不宜宽，适宜留双花式等长发，而不要留短发。

5. 菱形脸

对于这种脸形，设计发型时要注意增加前额的宽度和饱满度，或修饰凸出的颧骨，使面部呈椭圆形。这种脸形的人以烫成卷发最为美观，前额有几绺发丝轻垂，菱形脸的缺陷就可以弥补。如果梳直发，要将前发自顶部开始剪成刘海儿，将前额盖住，耳后束发，或者将刘海儿侧吹，亮出额角，整体发势向下垂，显得隽秀潇洒。

6. 椭圆形脸

对于椭圆形脸，任何发式与它配合，都能达到美容效果。但若梳中分头，顶部略蓬松，则更能彰显脸型之美。

7. "由"字形脸

这种脸形应选择能增加额角宽度的发型，中长发型较好，可将顶部的头发梳得蓬松些，两颊侧的头发宜遮住腮，从视觉上收窄腮部。

2.3.2 服务人员发型规范

1. 男士发型

男士头发较短，发型变化不及女士多，但通过修剪、吹风梳理或烫发，也能打造出多种多样、美观大方、具有男性魅力的发型。

男士的发型一般是以头发顶部至发际线处的长度为依据进行划分，分为短发型、中长发型、长发型、超长发型。短发型留发较短，发式轮廓线在鬓角处；中长发型留发适中，发式轮廓线在耳轮以上；长发型留发较长，发式轮廓线在发际线以上；超长发型留发很长，发式轮廓线超过发际线。

短发型基本上是通过轧发、剪发来造型，具体发式有平头式、圆头式和平圆式三种。平头式又称平顶头，特点是两侧和后部头发较短，从发际线向上轧剪，短发呈波差层次，色调匀称，顶部略长的短发轧剪成平形，根据顶部头发长度，又有大平头、小平头之分。圆头式又称圆顶头或小圆头，特点和平头式相似，但顶部头发呈圆形。平圆式又称平圆头，综合了平头和圆头两者的特点，顶部呈平圆形。

男士头发前不附额，侧不掩耳，不留鬓，后不及领，不烫染头发，不剃光头，不剃阴阳头，不留中分，以体现男性刚强有力的特点（见图2-4）。

图2-4 男士发型

在选择发型时，要能恰到好处地表现独特个性，并能增添魅力，不能一味地追求时尚或过分拘泥于年龄、脸形。

2. 女士发型

女士的头发最好不要长过肩部，也不要挡住眼睛。如果是长发，在庄重严肃的工作场合，则必须暂时将长发梳成发髻，盘在头后。

女性服务人员不可以烫发，染发也不要染过于艳丽的颜色，可以将头发染成跟黑色接近的颜色，如棕色、栗色等。不留披肩发，发不遮脸，刘海儿以不过眉毛为宜，一般以盘发、束发、短发或齐耳直发为宜（见图2-5）。此外，还应避免佩戴色泽鲜艳的发饰。

图2-5 女士盘发发型

3. 发型与穿着、身材的搭配

如穿旗袍就需要配以中式发髻，尤以海螺髻为佳，其造型含蓄，既具有古代佳人的美态，又能体现现代女性的风姿；盘龙髻也可，行纹清新，块面均匀，线条优美，起伏得当，颇具古典风韵；披肩长发则与旗袍不协调。又如穿夹克衫和牛仔裤，则需配以超短蓬松轻盈的现代发型，或自然的披肩长发，以表现洒脱和自如。另外，发型还要注意与身材相协调，不同的身材要搭配不同的发型。

（1）瘦高身材者

这种身材是比较理想的身材，在选择发型时，适合留长发，但是要适当打理一下。如卷曲的波浪式发型，对于瘦高身材有一定的修饰作用。梳侧披发或扎马尾，则显得人亭亭玉立。但瘦高身材者不宜盘高发髻，或将头发剪得太短，以免给人一种更加瘦长的感觉。

（2）高大身材者

对于此类身材的人群，在发型设计上应追求大方、洒脱，减少大而粗的印象。一般留简单的短发为好，切忌花样复杂。烫发时，不应烫小卷，以免发型与高大身材不协调。

（3）矮小身材者

身材矮小给人以小巧玲珑的感觉，适宜留短发或盘发，并可以根据自己的喜爱，将发式做得精巧、别致，不宜留长发或粗犷、蓬松的发型，那样会使身材显得更矮。可盘发，在视觉上增加身高，露出脖子也能凸显精致感。

（4）矮胖身材者

身材矮胖的人要尽可能通过发型修饰体形，适宜梳淡雅舒展、轻盈俏丽的发式。在发型的设计上要露出脖子，以优化身材比例，也可选有层次的短发，如前额翻翘式发型等。不宜留长波浪、长直发。

另外，选择发型时还要注意颈部的特点。颈部长的人适合稍长的大波浪发型；颈部短的人要把头发从颈部向后梳，把后面的头发梳得利落一些，让颈部露出来，使颈部显得长些。

小案例

小梦的面试

小梦去一家外企进行最后一轮总经理助理的面试。为确保万无一失，这次她做了精心的打扮：一身前卫的衣服、时尚的手环、造型独特的戒指、闪闪的项链、新潮的耳坠，新做了一个特别潮流的紫红色波浪卷发型，身上每一处都是焦点。况且她的对手只是一个相貌平平的女孩，学历也并不比她高，所以小梦认为她胜券在握。结果却出乎意料，她并没有被这家外企所认可。

考官抱歉地说：你确实很漂亮，你的服装配饰令我赏心悦目，可我认为你并不适合这份工作，实在抱歉。

请问：

小梦为什么失败了？

小知识

我们应该时刻注意自己的衣着、配饰和发型，并分清场合。对于配饰，宜少不宜多，否则会给人一种张扬、凌乱、不稳重的感觉。关于发型，要使自己显得大方、稳重。

2.4　面容美

任务内容

面容的修饰主要包括清洁与护理、妆容修饰。掌握简单的化妆技巧，既能够美化自己，又能够表达对他人的尊重，因而每一个注重礼仪的人都应学习。

任务图解

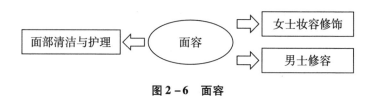

图2-6 面容

夯实知识

2.4.1 面部清洁与护理

服务人员在上班时，务必要保持自己的面部干净和清爽，确保无灰尘、泥垢、汗渍、分泌物等。服务人员要养成勤洗脸的良好习惯。洗脸时要耐心细致，对于眼角、鼻孔、耳后等易于藏污纳垢之处，切勿一带而过。

服务人员还要注意皮肤的健康状况。一旦皮肤出现了明显的过敏症状，或是长了痤疮、疱疹，务必及时就医。

一、皮肤的分类

皮肤可分为油性皮肤、干性皮肤、中性皮肤、混合性皮肤和敏感性皮肤。油性皮肤：面部油亮有光泽，肌肤纹理粗，毛孔明显，易生粉刺，但不易生皱纹，宜选用清洁性强且清爽的护肤品；干性皮肤：皮肤细嫩，油脂分泌量少，毛孔不明显，不易长粉刺，但脸部无光泽，易起小皱纹，应选含有保湿成分的护肤品；中性皮肤：油脂分泌量适中，皮肤表面不油不干，富有光泽，是比较理想的皮肤类型，可选护肤品较广泛；混合性皮肤：额头、鼻子、下巴部位偏油性，其他部位偏干性，可混合使用适合油性和干性的护肤品；敏感性皮肤：是一种问题皮肤，皮肤看上去很薄，容易看到血丝，温度过冷过热都容易发红，易受环境及面部保养品影响，要注意保湿，减少外界物质对皮肤的刺激。随着年龄的增长和季节的变化，皮肤的性质也会有所变化。

二、清洁与护理

脸是人际交往中最引人注目的部位，因此面部的清洁与护理非常重要。

面部的清洁与护理涉及面部皮肤、眼部、鼻部、嘴部、耳朵等部位。

1. 面部皮肤

（1）清洁

面部清洁一般包括两部分，即卸妆和清洁。对于化过妆的面部要先卸妆再清洁，卸妆要用卸妆油或卸妆膏按摩面部，再用化妆棉拭去面部妆容。对于没有化妆的面部，可以直接进行清洁。清洁面部最简单的方式就是洗脸。服务人员要养成平时勤洗脸的好习惯。外出归来、午休完毕、流汗流泪、接触灰尘之后都要及时洗脸，保持面部的干净清爽。同时也要关注皮肤的健康状况，若面部长痘痘、痤疮、疱疹等，容易让顾客产生抵触情绪。

洗脸时一定要耐心细致，彻底洗净。正确的洗脸方法是：洗脸前先把手洗干净，用温水轻拍面部，再用适合自己皮肤的洁肤品，用双手的中指和无名指由下颌向上、由内向外揉搓打圈，经过鼻翼两侧至眼眶，以达到对面部皮肤彻底清洁的目的。最后用清水清洗，用面巾将水吸干。

（2）护理

面部护理可分为爽肤、润肤和日常保养三方面。

①爽肤。爽肤就是用爽肤水为皮肤补充水分，目的在于滋润皮肤，平衡油脂分泌。化妆水要根据皮肤的情况来选择。

②润肤。润肤是指通过使用润肤霜或乳液来滋润和保护皮肤。润肤霜或乳液要根据肤质和季节来选择。

③日常保养。保养皮肤的首要任务是补水，面膜是补水的首选。平时外出时应注意涂抹防晒霜，还可定期去美容院做面部护理。

2. 眼部

（1）清洁

清洁是指要及时清除眼角的分泌物，但要避开他人，最好不要在公众场合用手绢、纸巾擦拭或直接用手抠。

（2）眼镜

戴眼镜者要注意保持眼镜的干净明亮。服务人员在工作时一般不戴墨镜或有色眼镜，不戴夸张的装饰性眼镜，外出戴墨镜进入室内后一定要及时摘下。

3. 鼻部

养成每天洗脸时清洁鼻腔的好习惯。鼻毛上不要留有分泌物，鼻毛不能外露，过长时应及时用小剪刀修剪，切忌当众挖鼻孔或擤鼻涕。

4. 嘴部

（1）口腔卫生

牙齿洁白、无食物残留、口腔无异味，是对口腔卫生的基本要求。常规的牙齿保洁应做到"三三三"，即每日三餐后的三分钟内要刷牙，并且每次刷牙的时间都不应少于三分钟，以去除口腔中的食物残渣和异味。服务人员在工作前不能吃带有刺激性气味的食品，如大蒜、臭豆腐、韭菜等。若不小心吃了此类食物，可在口中嚼一点茶叶和花生以清除异味，必要时可以吃口香糖以减少口腔异味，但注意不要在工作中嚼口香糖，也不能当众剔牙。

（2）整理胡须

男性每天要剃胡须，但不要当众使用剃须刀。服务人员不能留络腮胡和小胡子。

（3）保护嘴唇

防止嘴唇干裂破皮，可涂抹透明唇膏。

5. 耳朵

对于耳朵，平时要及时清理耳垢，保持耳根、耳廓的干净。有些人耳毛长得旺盛，当耳毛长出耳孔之外时，应进行必要的修剪。

2.4.2　女士妆容修饰

服务礼仪要求女员工上岗时化淡妆，这是对他人的尊重。淡妆的基本原则是自然、美化、协调。淡妆的最高境界是有妆似无妆。因此，我们要熟练掌握服务行业职业妆的化妆步骤和技巧。

一、基本的化妆步骤

化妆前，必须先清洁面部，然后根据自己的肤质，涂上适合的护肤品（爽肤水、乳液或霜）、隔离霜等，这样可以滋润和保护皮肤，也能更好地上妆，防止妆后皮肤干燥紧绷。

1. 打底

①使用海绵或粉扑将粉底液均匀地拍打在整个面部，要做到"浓淡均匀，层次自然"，如图2-7所示。

图2-7 打底

打粉底时不要忘记发际间、眼角、眼梢、下眼睑、鼻沟、口角处；不要在脸上来回擦，最好用海绵拍打。

②粉底颜色要与颈部颜色相近，面部、耳根部、颈部要衔接自然。

③用比打底稍白一点的粉底涂在鼻梁、下巴处，能让面部的立体感更强。

④粉底液不能涂得太厚，要让皮肤看起来自然通透。

2. 散粉定妆

散粉即定妆粉，主要用于控油和防止脱妆，使肤色变得更柔和。

①选择适合自己的定妆粉，用粉扑从皮脂分泌最多的鼻头扑起，然后扑打额头、面颊、眼窝处，注意眼部要仔细扑打，眼角和下眼睑处不要遗漏，如图2-8所示。

图2-8 定妆

②定妆粉不宜用得太多，定妆后，再用粉刷除去多余的粉末，也可以在脸部喷洒少量的定妆水，再用纸巾拭去多余的粉末。

3. 涂眼影

涂眼影是为了让眼睛显得更明亮深邃，提升面部的立体感。

①选择眼影的颜色要适合自己的肤色及服装颜色。

②涂眼影时，用棉棒蘸取眼影后在眼皮与眼窝处点抹并扫开，贴近睫毛根部及眼尾部分颜色要重些，然后用眼影刷轻轻地由中间向眼角、眼梢扫开，再由眼角、眼梢向中间扫开，呈扇形，如图2-9所示。

图2-9 涂眼影

4. 画眼线

画眼线是指用眼线笔沿睫毛根部描画，使眼睛更为生动、有神采，如图2-10所示。

图2-10 画眼线

①画眼线时，先将肘部支好，防止拿眼线笔的手发抖。

②由外眼角向内眼角方向描画。坚持两点：一是"上粗下细"，即上眼线要比下眼线粗，比例以 7∶3 为宜；二是"上长下短"，即上眼线从外眼角向内眼角画七分长，下眼线画三分长。另外，上眼线的眼尾处应略微上翘。

5. 涂睫毛膏

涂睫毛膏应先用睫毛夹将自然向下的眼睫毛夹卷翘，再用睫毛膏涂染固定睫毛，如图 2 - 11 所示。

图 2 - 11 涂睫毛膏

①涂睫毛膏时，眼睛往下看，将睫毛夹伸到睫毛根部夹紧 5 秒，在睫毛 2/3 段再夹 5 秒，就能使睫毛卷成向上翘的形态，再从睫毛根部由里向外涂抹睫毛膏。

②睫毛膏的涂法：涂上睫毛时，眼睛向下看；涂下睫毛时，眼睛向上看。

6. 修眉与画眉

眉毛的造型、生长方向、色泽深浅会对眼部的美观程度产生影响，眉毛的粗细应与眼形相配，故应根据眼形描画自己的眉形，以使妆容协调美观，如图 2 - 12 所示。

例如，一双丹凤眼，则眉毛宜平直，眉梢稍向上挑，切忌画成下斜眉；如果眼角向下倾斜，则应将眉尾画得稍向下斜，眉峰弯成自然弧度，若把眉形画成上挑的，会增加眼睛与眉毛之间的距离，使眼睛显得更加下斜；如果眼睛又大又黑，则眉毛不应过细过淡；如果眼睛细小，一定不能将眉毛画得

图 2－12 画眉

浓黑粗大，否则会显得不协调。

眉妆还要根据眼睛的妆容而定，如若眼妆浅淡，眉妆也应细淡；如若眼妆明亮、色彩艳丽，眉毛就不应太淡，否则会给人以轻重不一的不和谐感。总之，眉毛与眼睛的妆容应协调，才能有好的化妆效果。

画眉的技巧是不易掌握的，了解一定的步骤和技巧，才能画出好的效果。

（1）基本的画眉步骤

①清洁。先用眉刷轻刷双眉，将眉毛表面的皮屑或化妆品残留物清除干净，然后用温水浸湿的棉签梳理眉毛，再将多余的眉毛拔除，为画眉做好准备。

②选择眉形。画眉之前，要先根据自己的脸型和眼形选出适合自己的眉形，画眉前在心中先有一个大致轮廓，然后再描画。

③画眉。先从眉头开始，顺着眉毛自然生长的方向描画，从底边斜着向上画，顺着眉腰往眉峰画，画到眉峰处时，则要从上向下画，画到眉梢处要逐渐变淡，直至消失。画眉时下笔要轻，笔道要均匀，两边眉毛不要一边浓一边淡，眉峰处要自然柔和，画眉要一根一根地画，力求画出和真眉毛同样粗细、同样方向的线条，达到真实、自然的效果。画眉是为了使不甚完美的眉变得与眼相配，显得完美些，但完美的同时不应失真，如若画得痕迹感太重，则失去了美感。

④收尾。用眉笔画完之后，还要用眉刷将眉笔画的眉毛按照画的方向轻

刷一次，使画的眉毛与真眉毛融为一体。

（2）画眉技巧

①眉笔或眉粉颜色的选择应根据自身发色而定。

②眉形的画法讲究三点一线，即眉头、内眼角与鼻翼三点一线，眉尾、鼻翼与外眼角三点一线。眉头、眉尾在一条水平线上。

③描眉时，用眉笔或眉粉沿着眉毛的生长方向描，这样描出的眉毛更真实。切勿简单地画出一条黑粗线，或先勾出轮廓再往里面填颜色。

④根据自己的脸型修饰眉形，如果脸大，眉毛就不宜修得过细；脸小且五官偏小者，不宜将眉毛修饰得太浓密。

7. 修饰鼻子

画鼻影主要是通过打鼻侧影和对鼻梁进行提亮来使妆容更立体。鼻影的涂抹方法：用阴影刷扫蘸上所需的适量修容粉，从鼻根沿着鼻梁两侧向下涂，由深至浅。在靠近鼻根的眼角处稍微加深一点眼影，使之与鼻影融为一体，给人以鼻梁挺直之感。

8. 打腮红

要选择接近肤色的腮红，呈现自然、若有若无的妆效。

①腮红的中心应在颧骨部位，用腮红刷从颧骨往耳朵上缘方向扫匀，并且越来越淡，直到与底色自然衔接。

②打腮红可以修饰脸型。横向刷腮红可增加面部宽度，适用于长脸；竖向刷腮红可增加面部长度，适用于圆脸。

9. 修饰唇

唇色最能展现女性的风采。红润的唇会给人一种青春的美感，娇艳欲滴的唇给人一种大气的性感美，颜色柔美的唇最能突出女性的温柔。

（1）确定唇形

在化唇妆之前，先要对着镜子找到自己的最佳唇形，不要盲目模仿别人的唇形，适合自己的才是最好的。

（2）画唇的步骤

20～30岁的女性服务人员建议涂唇彩，30岁以上者建议涂口红。

①以唇笔描好唇线。描唇形的时候嘴要自然微张,先描上唇,再描下唇,由左右两边沿唇部轮廓向中间描,唇角要描细。

②描好唇线后,再涂唇彩或口红,由外而内。唇彩或口红颜色的选择要根据肤色、服装颜色等而定。

③用纸巾擦去多余的唇彩或口红,并检查牙齿上是否染色。

10. 妆后检查

化完妆后要站在镜前检查,主要是看妆容色彩与发色、肤色、服装是否和谐;双眉是否对称;腮红是否涂匀;唇彩或口红是否涂抹规整,有无外溢和残缺。工作间隙要检查妆面是否完整,并适时补妆,切记补妆时要回避他人。

二、让妆容漂亮的小技巧

①涂睫毛膏之前先把睫毛刷上多余的膏体用纸擦掉,这样画出的睫毛根根分明,不容易结块。

②面部比较幼态、五官不立体的话,贴着睫毛根部画内眼线会更加自然。

③画完眼影在上眼皮中间加一点闪片会让整个眼妆更灵动。

④颧骨、鼻梁、眼角、眉骨涂一点高光会让五官看上去更立体。

⑤腮红的颜色和眼妆的色系相同能使妆容更自然,上腮红一定要少量多次。

⑥色号比较深的口红只涂一半,然后拿棉签晕染过渡到边缘会显得不老气。

⑦镜面口红近看色泽很漂亮,哑光口红看上去更高级。

2.4.3 男士修容

男性服务人员在工作中无须化妆,但要注意修容,以展示阳刚之气。男士修容要求干净、自然、轮廓分明,主要包括洁面、护肤、护唇和剃须 4 项内容。

1. 洁面

男士与女士相比,汗液和油脂分泌量大,灰尘和污垢在皮肤表面积聚得更多，因此，男士要特别注意面部清洁，使用洁面产品勤洗脸，保持面部干净和清爽。

2. 护肤

男士的皮肤多偏油性，应选用有收缩毛孔功效的爽肤水，既能收缩毛孔又能控油，干燥的季节可在脸部涂一层薄薄的乳液。

3. 护唇

男士使用无色的唇油或润唇膏，主要是在冬季或干燥季节时使用，以滋润嘴唇，防止爆皮、开裂和出血。

4. 剃须

剃须时应紧绷皮肤，以减少剃须刀在皮肤上滑动时的阻力，并可防止划伤皮肤。尤其年纪大或者瘦弱的人，皮肤易起褶皱，更应绷紧皮肤，使之有一定的支撑力。剃须的顺序是：从左至右，从上到下，先顺毛孔剃刮，再逆毛孔剃刮，最后再顺刮一次就可基本剃净。剃刮完毕，用热毛巾把泡沫擦净或用温水洗净，并检查一下还有没有未刮干净的胡须。

剃须后应注意皮肤保养，因为剃须对皮肤有一定的刺激，并且易使皮脂膜受损，为了在新皮脂膜再生之前保护好皮肤，应在剃须后用热毛巾敷几分钟，然后可涂抹诸如须后膏、须后水、须后蜜、护肤脂或润肤霜之类的护肤品。

📍 小案例

一天，黄先生与两位好友小聚，来到某知名酒店。接待他们的是一位五官清秀的服务员，接待服务工作做得很好，可是她面无血色，显得无精打采。黄先生一看到她就觉得心情欠佳，仔细留意才发现，这位服务员没有化工作淡妆，在餐厅昏黄的灯光下显得有些病态。上菜时，黄先生又突然看到传菜员涂的指甲油缺了一块，他的第一反应就是"不知是不是掉我的菜里了"……

但为了不惊扰其他客人用餐，黄先生没有将他的疑虑说出来。用餐结束后，黄先生唤柜台内服务员结账，而服务员却一直对着反光玻璃墙修饰自己的妆容，丝毫没注意到客人的需求。自此以后，黄先生再也没有去过这家酒店。

请问：

①案例中服务员在仪容上存在哪些问题？

②本案例对你有哪些启示？

③基本的化妆技巧有哪些？

小知识

"芙蓉如面柳如眉"，古人认为美人的眉毛应似柳叶。现代人的审美尽管与古人不同，但对眉毛形态的重视一如往昔。合适的眉形可以为妆容添彩，展现自己的个性。

1. 长形脸的眉

为修饰过长的脸型，眉头应稍离开眼角些，眉形要自然下弯，成新月形。画眉时要稍粗些，细了显老。

2. 方形脸的眉

适宜画线条柔和的眉形，可着意将眉峰修弯，眉形拉长，眉梢可略向外延伸，以突出脸型的上半部，减弱下半部的方形感。

3. 圆形脸的眉

要使脸显得长些，眉要向两侧斜上方画，稍粗些，细了会使圆脸显得更圆。画眉时，眉毛画过眼尾后，应自然垂下，不宜过长，画成柔和的弧形，以显得和谐。切忌画直线眉，以免使脸型显得更短，破坏美感。理想的选择是剑形眉，使脸型有长度感。

4. 椭圆形脸的眉

这种脸型又称鹅蛋脸，是女性最佳脸型之一，我国自古都以椭圆脸为美，这样的脸型可以按照自己的喜好来画眉毛，一般画成眉毛与眼睛平行即可，若配以柳叶眉或新月眉则效果更佳，有古典的味道。

5. "由"字形脸的眉

适宜的眉形画法应当是眉峰的位置略向下移，眉形适当向脸廓外缘延长些，保持一定的弧度，而且眉毛尽量画得有立体感和层次感。

6. "甲"字形脸的眉

与"由"字脸型的眉形正相反，"甲"字脸型眉毛的修饰不应过分强调棱角，应画成自然柔和的圆弧形，眉峰可略偏向内侧，眉梢应为淡色，且长短要适中，显得匀称和谐。

2.5　养成重视细节的习惯

任务内容

仪容是指人的容貌，主要包括头部、面部、颈部、手部等未被服饰遮掩、暴露在外的部位。为了时刻使自己的仪容符合规范，要养成重视细节的习惯。

任务图解

图 2 - 13　养成重视细节的习惯

夯实知识

2.5.1　颈部修饰

颈部属于面部的自然延伸部分，颈纹能够反映出一个人的年龄，也是在日常护理时容易忽略的地方，因此在平时要和脸部一样注意保养。对颈部的修饰应主要注意以下两点。

1. 清洁
在日常清洁脸部的时候，要注意同时清洁脖颈。

2. 护理
为防止颈纹的产生和颈部皮肤的过早老化，在日常脸部护理的时候，对颈部皮肤也应进行相应的护理，使颈部皮肤细嫩。

2.5.2　手部修饰

人们常说"手是人的第二张脸"。在人际交往中，一双干净的手能给对方留下良好的印象。手的清洁与否能反映出一个人卫生习惯的好坏。要随时清洗自己的双手，对手的修饰要注意以下两点。

1. 注意卫生

由于手经常接触人或物，细菌较多。外出回来、触摸物品后，以及餐前便后，都应用洗手液洗手，然后擦护手霜以保养手部皮肤。如果干粗活或脏活，最好戴上手套以保护双手。

2. 勤剪指甲

手指甲要定期修剪整齐，边缘光滑圆润。服务人员无论男女都不能留长指甲，女士指甲不得长于2mm，男士指甲不得长于1mm。女士不涂带色指甲油，应选择无色或接近肉色的颜色，不贴假指甲。若有灰指甲，应及时就医。

🔲 小案例

案例1：经过一天的游览，游客小李精疲力竭，打算在某景区内的餐厅就餐。迎宾员艳丽的妆容和暴露的着装令他心惊肉跳，怀疑自己是否误入"黑店"。其后，传菜员那长长的、血红色的指甲令他没了吃饭的胃口，总担心那长长的红指甲会碰到菜上。结账时小李跟服务员核对账单，又闻到对方有口臭。本次用餐结束，小李感觉吃得浑身不舒服。请问：

①为何小李这顿饭吃得很不舒服？

②服务人员要注意哪些事项？

案例2：小王的口才很不错，对旅行社产品的介绍也很全面，人朴实又吃苦耐劳，学历也很不错，销售部经理对他抱有很大期望。可入职销售部半年多了，业绩总上不去。问题出在哪儿呢？原来，小王是个不修边幅的人，双手拇指和食指喜欢留长指甲。头发不及时修剪，乱糟糟的一团。他还喜欢吃大饼卷大葱，吃完后，也没有去除口腔异味。因此，在大多数情况下，他根本没有机会见到想见的客户。

请问：

①你认为小王需要在哪些方面改进？

②小王该如何改进呢？

✏ 项目小结

一个人的仪容受到两大要素的影响：一是先天条件，二是后天修饰。先天条件固然重要，但这并不意味着先天条件优越的人，就可以不用任何后天的修饰。事实上，修饰对仪容起着非常重要的作用。

服务礼仪规定，服务行业的全体从业人员在自己的工作岗位上，都必须按照本行业的规定，对自己的仪容进行必要的修饰。

在人际交往中，服务人员必须重视对自己面部的修饰，一方面，要注意经常修饰自己的容貌，或是采取措施改善明显不足之处；另一方面，平时要注意护肤，保持自己的容貌状态。

服务人员应遵守的化妆原则有如下 5 条：

1. 淡雅

"淡妆上岗"是对服务人员的基本要求之一。淡妆即淡雅的妆容，亦即人们平时所说的自然妆。服务人员化妆时，重要的是要自然大方、素净雅致。

2. 简洁

服务人员的妆，应当是一种简妆。在一般情况下，服务人员化妆时修饰的重点主要是嘴唇、面颊和眼部。对于其他部位，化妆时可一笔带过。

3. 适度

服务人员的工作妆必须符合自己本职工作的要求，而且一定切记化妆要适度。要根据自己具体的工作性质，来决定应该如何化妆。

4. 庄重

服务人员的工作妆应是庄重的，否则，就会使人觉得轻浮随便，甚至是不务正业。

5. 扬长避短

服务人员化妆有美化自身形象的目的，要达到这个目的，就既要扬长，即适当地展示自己的优点；又要避短，即认真地修饰自己的缺点，弥补自己的不足。

实践体验

1. 任务内容

按照要求，进行化妆练习。

2. 任务要求

按以下步骤上妆：

①打底

②上散粉定妆

③涂眼影

④画眼线

⑤睫毛膏

⑥画眉

⑦修饰鼻子

⑧涂腮红

⑨画唇

⑩妆后检查

3. 评价要求

根据任务完成的情况，在素养评价表（见表 2-1）中，对各个指标进行评分，每一个指标最高分 10 分。可以是自评，可以是同学评，也可以是师评。

表 2-1 素养评价表

指标	干净整洁	第一印象	发型	面部修饰	妆容修饰	颈部	手部
得分							

项目三　服务仪表篇

项目目标

知识目标：了解服饰礼仪的含义和发展历史；

　　　　　熟悉着装的整体要求与原则；

　　　　　掌握个人色彩密码；

　　　　　掌握服饰风格搭配规律；

　　　　　掌握体形与服饰的搭配方法；

　　　　　掌握着装礼仪。

能力目标：能精准把握个人的用色规律；

　　　　　能为各种体形搭配服装；

　　　　　能根据各类场合的需要得体着装。

素质目标：了解中国传统礼仪文化的博大精深；

　　　　　提高个人审美能力，提升个人整体形象，培养良好的审美情趣。

任务导入

一位经理出国洽谈业务，谈判时为了给对方留下精明强干、时尚新潮的好印象，他上身穿了一件 T 恤衫，下身穿一条牛仔裤，脚穿一双旅游鞋。当他精神抖擞、兴高采烈地出现在对方面前时，对方不解地上下打量了他半天，并表示非常不满意。最后这次合作没能达成。

请问：

为什么这次合作没能达成？

📍 任务解析

每一位员工的形象不仅反映了个人的修养和内涵，还能体现出所在公司的规范化程度，因此个人的着装必须与其所在单位形象、所从事的具体工作相称，做到男女有别、职级有别、身份有别、职业有别和岗位有别。只有符合这些要求，个人的着装才能恰到好处。

3.1　服饰礼仪概述

📍 任务内容

孔子曾说："见人不可以不饰。不饰无貌，无貌不敬，不敬无礼，无礼不立。"服饰是一种无声的语言，通过服饰能够大体了解一个人的社会地位、身份、职业、收入、爱好、文化素养、个性和审美品位。服装设计界有一句名言："服装不能造出完人，但是第一印象的 80% 来自着装。"服饰这种无声的语言正时刻影响着人与人之间的交流。

📍 任务图解

图 3-1　服饰礼仪

📍 夯实知识

3.1.1　含义及发展历史

一、服饰礼仪的含义

"服"是指服装，"饰"是指饰品，服饰是指装饰人体的物品总称。服饰礼仪指人们在穿衣及佩戴饰品方面应当了解与遵守的规范。

我们能通过流行服饰窥到不同时期的社会风尚，也能通过服饰来彰显自己的个性，展现自己的风采。时代发展至今，人们在服饰礼仪方面已经有了相对规范的要求，服饰只有符合礼仪要求，才能为我们的形象添彩。

　　二、服饰礼仪的发展历史

　　从"茹毛饮血"的蛮荒时代到今天数字化、全球化的文明社会，在人类漫长的演化过程中，各种礼仪也经历了从无到有，从简单到复杂，从无序到规范的发展历程，其中也包括服饰礼仪。服饰最早出现多是出于实用性而非审美性，即服装最早主要基于抵御野兽攻击及御寒的需要，而饰品多是用来驱除邪灵、标明部族归属等。随着人类文明的发展，服饰渐渐有了审美功能。

　　（1）中国服饰礼仪发展简述

　　原始社会，人们过着群居生活，通过共同狩猎、采集食物得以生存，"上古穴居而野处，衣毛而冒皮"是对他们居住环境和着装等的史料记载，以鱼骨、兽骨等材料制作的饰品开始出现。伴随着阶级观念的确立，服饰作为阶级的外在标志之一，突破了原来单一的实用功能，增加了区别尊卑、昭明身份的新功能，而这种功能自出现起就贯穿中国阶级社会发展的全过程。

　　在奴隶社会，奴隶和以奴隶主为代表的上层人物在服装造型、用料、饰物材质上都有明显区别，已出土的大量墓葬、遗留的绘画及文字记载中都印证了这一点。上层人物的服饰在造型上多是长衣宽袖，材料多是绢、帛。例如，奴隶主的服装多为交领右衽，下面所穿裳的边缘多以双钩云纹装饰，有束腰，有纹样精美的"蔽膝"，服装整体精致而华美；而奴隶则多是盘发，服装的典型特征是圆领小袖，衣长至足踝，多为素色，材料以棉、麻为主。

　　封建社会在服饰礼仪上的等级色彩更加明显。汉代规定农民或农奴只能穿短襦，戴巾子或斗笠，穿本色麻布衣，不许穿彩色衣，到西汉后期才可以用青绿色布料。单是巾子的佩戴，根据身份的不同就有颜色上的明确要求：皇帝为黄色，武官为红色，文官和一般人为黑色，厨子为绿色。受封建社会"重农抑商"统治思想的影响，汉初规定"贾人毋得衣锦、绣、绮、縠……"；宋代自中官以下，衣服不得以金为饰；明代规定官民妇女不得僭用浑金衣服、宝石首饰；清代也明确规定家中的奴仆、戏子、皂隶等不许戴貂帽，庶民不得用金绣闪色等，若有违禁者要受到重罚。

除了上述人们在社会等级要求下要遵从的服饰礼仪外，还有很多在日常生活及特殊场合要遵从的服饰礼仪。

古代男女成年后，在装扮上就要遵从一定的礼仪要求。《释名·释首饰》中说，男子"二十成人，士冠，庶人巾"。蔡邕《独断》中说："帻者，古之卑贱执事不冠者之所服也。"根据当时的礼仪要求，平民百姓成人后不能戴冠，只能用帻、巾；女子满十五岁被视作成年，要挽成人发髻并插戴发笄。在婚礼、祭祀等特殊场合更是有诸多服饰上的礼仪要求，如女子出嫁以红布帛盖头遮面等。

另外，在古代服饰上也有很多忌讳。首先，在传统服饰的颜色上，忌穿"贵色""贱色"和"凶色"。这些禁忌都与本民族的文化思想和习俗有关。"贵色"在古代主要指黄色，其为皇家的专用色，黄色禁忌在整个封建社会体现得尤为明显。所谓"贱色"，是指从事某些低贱职业者的服装颜色，往往被视为不洁之色，民间视其为禁忌之色。例如，前面提到的绿头巾，就是一种"贱人"之服。而明清时期，民间认为绿色、青碧色多为优伶、娼妓等穿用，因为这些职业社会地位低下，这些色彩也被视为低贱之色。古代的凶色是指黑、白两色。纯黑色、纯白色在古代都可用作丧服，《礼记》中记载，"素服，以送终也""为人子者，父母存，冠衣不纯素"。现代民间丧事穿白孝服、戴黑纱就是古代习俗的延续。在服饰的穿着规范上，除唐代女子可以袒胸露臂以外，其他朝代女子都忌讳裸露身体上除面部外的其他任何部位。

到了近现代，随着封建社会的消亡，中国几千年来的冠服制度被动摇，服饰的等级色彩也渐渐褪去，取而代之的是逐渐成熟的以中西结合为基调的服饰礼仪。

在随后近百年的时间里，我们的服饰随着社会变革迎来了飞速发展和变革的时期。20 世纪，在服装上兴起了中式服装的不朽经典——旗袍和中山装，西装、女式裤装、礼服也从西方传入我国。中华人民共和国成立后的 30 年里，中国受经济和文化背景的制约，对国际上的服装时尚及礼仪的了解整体而言处于空白的状态，这一时期，人们对美的评判标准几乎忽略了性别特征，全国人民都被包裹在黑色、蓝色的服装海洋里。人们在这一时期将勤俭节约、艰苦朴素当作美的最高标准。改革开放后，随着国门的打开，国人掀起了全民大换装的热潮，男士西装在中国同样掀起了服装革命的风潮，帽子、项链、眼镜、耳环、香水、手链、戒指等饰品也作为美和时尚的象征得以流行。在西装、夹克、领带等大流行的 20 世纪八九十年代，人们迫不及待地追赶国际服饰的流行趋势；出现了穿西装却把商标牢牢地缝在袖上，穿夹克打领带等不伦不类的装扮，领带夹也成了一些人用来炫耀展示名牌的物件，而穿得西装革履在西方国家逛街购物的国人，更是成了外国人眼中的一道怪异风景。

自 20 世纪 90 年代中期至今，随着互联网的普及，各国间服饰上的差异越来越小，国际上流行的服饰元素都能被迅速运用到国内的服饰生产上，并在社会上流行开来。中国服饰西化已成为一种大趋势，但中国传统服饰文化也同样对中国的现代服饰进行着持续的渗透。因此，我国的服饰礼仪在和国际接轨的过程中同样要坚持批判性继承，从而形成具有民族特色的服饰审美及礼仪规范。例如，在服装颜色的选择上，中国人习惯把红色作为喜庆色、吉祥色；而在《礼记·郊特性》中，有明确的关于"素服，以送终也"的记载，即使在今天，纯黑色、纯白色在一些场合仍被视为表达悲伤的颜色，所以，虽然在中国越来越多的新娘选择在婚礼上穿白色婚纱，但一般都会再选一套大红的中式礼服作为调和。而在西方，白色是纯洁的象征，是新娘婚纱的首选色；黑色除了可以用于悲伤场合外，更是代表庄重的颜色，是西式男礼服的主要颜色。在西方举办的隆重的宴会上，女性穿着的晚礼服，人们只会用是否漂亮和有品位来评判，但在中国举办的宴会上，人们首先会关注这件衣服的暴露程度，然后才是它的款式、品牌、材质等，过于暴露的服装会有不雅之嫌。

（2）西方现代服饰礼仪简述

在 20 世纪之前，西方的服饰礼仪有一点和中国是相同的，即服装是阶级身份的一种标志，不同阶级、社会地位、家庭背景的人衣着有明显不同，皇室贵族和普通的富人、中产阶级的服饰也不同。进入 20 世纪，西方出现了现代意义上的"时装"。此后的岁月里，现代服饰进入了流行的轨道，并随着社会背景、审美情趣等的变化，不同时期出现了不同的流行色、流行款式、流行风格等，而且这种流行随着人们获取信息资源的便捷化，也逐渐摆脱了国别的限制，服饰的流行日益呈现国际化的特征，相关的服饰礼仪也随之在全世界范围内得到推广和遵循。

1900—1910年，服装有明显的地位和阶层的体现，审美功能超过了实用功能。女士的服装以紧身胸衣为代表，腰部纤细，突出胸部，体现女性的成熟雍容；帽上饰有羽毛和鲜花，与流行的新艺术风格相呼应。像中国一样，那时裸露皮肤在西方同样被认为是大逆不道的，即使身着露肩和露手臂的晚礼服，也要用长手套把裸露部分包裹起来，而帽子和手套的使用也处处体现着礼仪规范。20世纪初，帽子装饰夸张，花卉、鸵鸟毛等都被运用到帽子的装饰中，而且在室内和室外都要戴帽子。手套自19世纪末正式成为服饰装扮的一部分，同样有相应的礼仪要求：在街上、剧院、餐馆、教堂等，都要戴上手套。不论何时何地，上流贵妇绝不会脱下手套与人握手，戴上手套与人握手才被认为是符合礼仪规范的。在男士着装中，领带成为和西装相配套的流行饰品。

自第一次世界大战开始，人们传统的服饰审美观念遭受到巨大冲击。战争让女性从幕后走到了生产和战争的前线，服饰的实用性大大加强。让人窒息的紧身服装逐渐让位于方便、实用的日常服装，工作制服应运而生，出现了短裙、宽松上衣、低胸衣以及具有时代意义的女式裤装。这一时期，因社会重心的转移，在服饰礼仪要求上也相对简单。

战后十年，随着社会经济的复苏，服饰又开始抛弃战时的实用观念，追求奢华、形式至上的设计理念。各种服饰在款式、材质和图案上都得到了丰富。女性在不同场合要穿上与之相称的服装，要搭配正确的配饰，重新受到各种礼仪、规范的约束。按照各种标准进行装扮重新成为女性生活的重心。

而到了20世纪六七十年代，西方处于思想动荡时期，伴随着相关文化的兴起，波普戏剧、嬉皮风格、朋克主题这些理念也被运用到服饰设计上，其中有些也成了中国20世纪70年代末80年代初大陆青年追求时尚的标准。否定、叛逆、无性别化成为这一时期服饰的典型特征，长短随意，穿着自然，传统的服饰礼仪规范已经失去了主导地位。20 世纪 80 年代至 21 世纪初，服饰抛弃了六七十年代的叛逆风格，又回到相对平稳、保守的时期。而 21 世纪以来，世界发生了翻天覆地的变化，服饰的功能分类、款式、材质等都得到了空前的发展和创新。女性在社会上扮演的角色越来越多，女性服饰得以快速发展。今天的人们在追求穿着舒适目标的同时，也需要根据不同场合正确地装扮自己，以塑造自己在社会上得体的形象。

3.1.2 整体要求与原则

1. 服饰礼仪的基本要求

（1）整洁合身

整洁是着装的基本要求之一，无论多么新的款，如果不够整洁，将大大影响着装者的形象。无论是上班时的职业装还是日常生活中的休闲装均应整洁。保持衣着整洁主要靠"四勤"：一是勤换，二是勤洗，三是勤熨，四是勤检查。

合身就是追求着装与人体特征的统一。服装应与人体特征相适应，即色彩、款式等与个人的身型相协调，如过肥或过紧的衬衣，过长或过短的裤腿，以及不当的颜色搭配等，都会影响人的整体形象。服饰的得体，还要注意着装和身材的互补，应巧妙地运用服装的某些设计来弥补自己身材上的缺点。这方面如果不注意，则有可能使自己身材的缺点更明显，让人感到不协调。如身材较瘦的人就不宜选用竖条纹的衣服，这样会显得人很单薄；身材较胖的人不应选过宽的横条纹的服饰，这样会显得人笨重。

（2）符合身份

着装既要符合经济的原则，又不能给人以突兀的感觉，如在单位，太寒酸或者太高贵的服饰都不能穿。与不同身份的人接触，也应该有不同的穿衣技巧，服装应既符合自己的身份也要匹配对方的身份，这样会有助于彼此的沟通和交往。比如，和互联网公司的人接触，服饰应以整洁、大方、舒适为主；如果与时尚公司的人接触，服饰则应更时尚前卫一点；与性格开朗的人接触，可以穿颜色比较鲜艳的衣服；对方若是比较保守和严肃的，那么穿衣用色就应该比较低调，款式也应选择保守的；与公司职位较高的人会面，适合穿偏成熟和商务点的服饰，以展现自己沉稳的性格。

2. 服饰礼仪的原则

TPO 原则是有关服饰礼仪的基本原则之一。TPO 原则要求人们根据时间、场合、地点来着装，使着装与环境氛围相协调，与不同交往目的相适应，以此达到整体的协调美。

（1）时间

从时间上来讲，一年有春、夏、秋、冬四季，一天有 24 小时。在不同的时间里，着装的款式应该有所不同。例如，冬天的着装应该保暖御寒，夏天则需要吸汗凉爽。白天穿的衣服需要面对他人，应该合身；晚上穿的衣服不为外人所见，可宽大随意。

（2）场合

着装应与场合相适应。上班时应该维护自己的职业形象，着装应得体美观，这种情况下以穿正装、职业装为宜。在社交场合应该庄重大方，以穿正装为宜，男士穿深色西装、中山装，女士穿长过膝盖的连衣裙、套裙、旗袍。在休闲的场合以舒适自然为主，如穿休闲装、运动装等。

（3）地点

从地点上来讲，在室内或者室外，在市区或乡村，在国内或国外，在单位或者在家中，不同的地点着装的款式应有所不同。例如，长期加班加点从事文字工作的秘书为图省事，有时在单位穿休闲衫、运动鞋或拖鞋，看似方便了自己，实则给领导留下了邋遢的印象。同样是在会面，在办公室进行正式洽谈与在茶馆代表公司参加茶话会的着装应是截然不同的。

总之，穿着本身是一门学问，我们只有了解相关礼仪及搭配规则，加上不断实践和总结，才能穿出风采、穿出品位、穿出修养。

📍 小案例

某正式代表团到外地开会，当地某政府机构的一位女公务员负责接待他们。当代表团成员们见到这位 30 多岁的女士时不禁面面相觑，暗想："她怎么穿了一身童装啊!"原来该女士为了使自己显得年轻些,穿了一件绒布的带图案的上衣和一条花哨的九分裤,特别是上衣的领子和花边酷似童装的样式。

小知识

古人在着装方面的讲究

在不同的场合穿合适的衣服不仅能展现自己的品位,也是对他人的尊重。无论是在古代还是现代,人们对于着装都十分重视。

宋代学者朱熹提出衣冠穿戴要"三紧":帽带要紧、腰带要紧、鞋带要紧。三者都扎紧了,人的精神状态才会显得积极,才能表现出对人、对事的慎重。现代服饰虽然不同于古代,但穿衣得体、整洁、庄重、大方的要求,却无二致。

"七不":体态端正

所谓"七不",是指《礼记》中说的"不敢哕噫、嚏咳、欠伸、跛倚、睇视;不敢唾洟;寒不敢袭;痒不敢搔;不有敬事,不敢袒裼;不涉不撅;亵衣衾,不见里"七条规定。这些规定既适用于与父母、尊长共用的场所,也适用于工作场所。在严肃、正规的场合,打饱嗝、打哈欠、伸懒腰、吐唾沫、擦鼻涕、歪坐、斜视、跷二郎腿,或者只穿睡衣、内衣,甚至赤膊,都显得随便、懒散,缺乏敬意。

"立必正方""言必齐色":神色庄敬

在正式场合,无论是坐还是站,都要端正,视线要有一定的方向。歪坐、斜站、眼睛到处乱看,都是怠惰不敬的表现。目光是心态最直接的流露,能反映出内心对人是否敬重。因此,在礼仪场合要注意自己视线的高度。视线过高,是傲慢之相;视线过低,则似有忧虑在心,不免令对方猜测;如果左右旁视,更会给人留下心术不正、狡诈善变的印象。平时或在私下场合,状态可以比较放松，但一旦进入正规场合或工作单位，就必须严肃、庄重。这种状态，在走路的姿势，甚至在面部表情上，都要有所体现。在很多人的印象里，礼仪常常是与人们的身份、形象、品位相挂钩的。中国自古以来就是礼仪之邦，我们应时时注意端正体态。

3.2 个人色彩与体色特征

◉ 任务内容

很多人都不知道自己适合的色彩与风格，他们似乎也没有想过这个问题，只觉得穿自己喜欢的或者舒服就好了，有没有个人风格无关紧要。可穿衣是一辈子的事情，很多人因为不知道自己最适合的色彩是什么，而穿错了色彩，让自己没有办法绽放光彩，以至于永远陷于"衣橱中少一件衣服"的窘境。

◉ 任务图解

图3-2　个人色彩与体色特征

◉ 夯实知识

3.2.1 认识个人色彩

人和万物一样也是有色彩的。比如，我们的肤色有白色、黄色、棕色、黑色之分，我们的发色有黑、黄、红、灰、亚麻等的不同，我们的瞳孔色亦有黑、黄、蓝、棕的差异。同属黄色人种的亚洲人，不同的人的个人色彩却不同，有的肤色暗而黄，有的肤色浅而淡，有的肤色透着红晕，有的肤色却较为苍白；同样是黑头发，但有的头发显得粗、黑、硬，有的看起来偏软、细、淡；同样是黑眼睛，有的看起来目光犀利，有的却比较柔和。

关于个人色彩及用色规律的研究由来已久。20 世纪初，美术设计学府魏玛包豪斯学校的约翰内斯·伊顿（Johannes Itten）教授开始了对色彩的研究。1940 年，苏珊·卡吉尔提出了根据肤色、发色、瞳孔色来确定个人色彩的理论。1984 年，卡洛尔·杰克逊（Carole Jackson）创立了 Color Me Beautiful 公司，关于个人色彩的研究从此进入比较系统、规范的阶段。这种研究主要是基于颜色的色调属性而进行的，由自然颜色的冷暖、深浅、艳浊延伸至个人色彩的冷暖、深浅、艳浊。但由于卡洛尔·杰克逊的研究主要是针对西方人，因此，作为最早研究个人色彩的亚洲国家日本来说，很难接受这种理论。到 20 世纪 90 年代，日本研究者推出了针对亚洲人肤色的个人色彩分析诊断理论，这一理论现在广泛应用于以黄色人种为基础的亚洲国家。

目前，这种理论主要依据肤色、发色、瞳色、唇色、眉色等特征对个人色彩进行判断。这些特征是由人体内的色素——血红素、核黄素和黑色素的不同比例决定的。这些色素的比例就像血型和指纹一样，是一个人与生俱来的。

肤色在决定个人色彩的诸因素中最为重要。因为在今天，人们可以根据自己的喜好把发色染成各种颜色，唇色、眉色可以通过简单的上妆改变，瞳孔颜色也可以通过戴不同颜色的隐形眼镜加以修饰，只有肤色的改变在目前还比较困难。加上肤色在诸因素中在人体所占比例最大，因此它成了判断个人色彩中最主要的参照对象。在决定肤色的三要素中，血红素决定了面部呈现红晕的程度，核黄素决定了肤色黄的程度，黑色素决定了肤色的明暗程度。在血红素占比较大的情况下，肤色就会显得红润，而含量少则会显得苍白；核黄素所占比例越高，肤色越黄；皮肤表层的黑色素越多，肤色就会越偏向黑色、褐色或黄褐色。

个人的自然发色、眉色、瞳孔色、唇色也因色素的比例不同而呈现不同的颜色，虽然它们在人体中所占比例较小，但仍是判断个人色彩的重要组成部分。

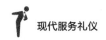

3.2.2　个人色彩的分类及体色特征

1. 个人色彩的分类

根据个人肤色、发色、唇色、瞳孔色等不同外在特点，我们把个人色彩分成浅暖、浅冷、深暖、深冷四种类型。其中的冷暖和自然界颜色的冷暖有相同的规律，所以很多色彩学研究者把自然界中对颜色冷暖的判断标准加以延伸，推广应用于人的肤色，并提出了冷基调肤色、暖基调肤色和中性肤色的分析理论。其中的冷基调肤色相当于自然界颜色中的蓝色，暖基调肤色相当于橙色，因此这两种肤色又被形象地称为蓝色基调肤色和橙色基调肤色。亚洲人的肤色主要在 24 色相环中的橙色中变化，偏黄或偏红一些。血红素、核黄素在人体内的不同比例决定了肤色的冷暖，当血红素多于核黄素时，人的肤色会偏粉、偏冷一些；当血红素少于核黄素时，人的肤色会偏黄、偏暖一些；当二者大体相当时，肤色偏于中性，冷暖倾向不明显。黑色素的多少不决定肤色的冷暖，而决定肤色的深浅。当黑色素比例较低时，肤色偏白、偏浅；当黑色素比例较高时，肤色就会偏黑、偏深。

浅暖、浅冷、深暖、深冷四种类型的人在肤色、发色、瞳孔色等方面都具有不同的特征，这些不同特征又决定了其适合的服饰色彩和风格的不同。一般来讲，肤色、发色的冷暖、深浅与适合的服饰色彩的冷暖、深浅是一致的。人们在穿着颜色和自己肤色、发色等特征一致的服饰时，就能达到审美上的视觉平衡。

而眼睛的特征决定了穿衣应渐变搭配还是对比搭配，如果眼白与瞳孔色的对比强烈，则比较适合对比搭配，反之则适合渐变搭配。

2. 体色特征

（1）浅暖型人的体色特征

浅暖型人的体色整体呈现暖、浅、鲜的外在特征。具体来讲，皮肤薄而透，肤色大致呈象牙白、米黄色或蜜桃色，有光泽，易泛红；头发轻柔，发色偏浅，发丝细，多呈棕黄色或茶色；眉毛稀，眉色浅；瞳孔色以棕色或褐色为主，眼睛明亮、有神，眼白与瞳孔的对比度较强。

（2）浅冷型人的体色特征

浅冷型人的体色整体呈现冷、浅、浊的外在特征。具体来讲，皮肤呈米白、乳白或粉红色；头发柔软，发色多为黑灰色、黑色、棕灰色；眉毛稀，眉色浅；瞳孔色呈灰棕色，眼白呈乳白色，眼神柔和，眼白与瞳孔的对比度较弱。

（3）深暖型人的体色特征

深暖型人的体色整体呈现暖、重、浊的外在特征。具体来讲，皮肤比较密实，不易出现红晕，偏暗，肤色均匀、不通透，多为小麦色、象牙色；头发粗，发质硬，发色为棕色或深棕色、棕黑色；眉毛粗、浓，眉色重；瞳孔色呈深棕色、焦茶色或棕黑色，眼白是象牙白色，眼神柔和、沉稳，眼白与瞳孔的对比度弱；唇色较重，发暗发乌。

（4）深冷型人的体色特征

深冷型人的体色整体呈现冷、重、鲜的外在特征。具体来讲，皮肤有光泽，色调偏冷，呈泛青的冷白色或偏灰、偏白的黄褐色，肤色均匀、不通透，不易出现红晕；头发粗、浓密，发质硬，有光泽，发色为灰黑色或黑色；眉毛浓、粗、黑、硬；瞳孔色为黑色或棕黑色，眼白为冷白色，眼神犀利，眼白与瞳孔的对比度很强。

需要注意的是，上述体色特征针对的是标准的浅暖、浅冷和深暖、深冷型人，而在现实生活中，只有少部分人属于标准型人，大部分人属于非标准型人。例如，标准浅暖型人眼白与瞳孔对比度较强，适合的是对比搭配。但是非标准浅暖型人的眼神可能是柔和、稳重的，这样适合的就是渐变风格的搭配。总之，上述分类及体色特征只是最基本的参照标准，我们需要灵活运用。

小案例

在生活中我们经常会遇到这样的问题：同一种颜色的口红，有人涂着好看，有人却不好看；同一件衣服，有人穿着显黑，有人却衬得气色红润。这些问题其实与我们的肤色息息相关。

冷暖肤色与口红颜色和穿衣色彩有着密不可分的联系。那么，该如何找到最适合我们的颜色呢？

一个最简单的方法就是：暖肤色的人用暖色，冷肤色的人用冷色。暖色调皮肤的人更适合穿暖色调的衣服，比如黄色衣服。冷色调皮肤的人更适合穿偏冷色的衣服，比如蓝色衣服。而如何区分我们的皮肤色调是冷还是暖呢？

你可以放一张白色的纸在脸的旁边作比对。如果白纸的映衬让你的肤色更白皙无瑕，那就是冷色，反之为暖色。此外，也可以在穿衣镜前分别穿上蓝色和黄色的衣服来比较。蓝色更衬肤色，就是冷色皮肤，黄色更衬肤色则为暖色皮肤。

◉ 小知识

手术衣、手术巾为什么是绿色的？

通常，医生、护士的工作服都是白色的，但是手术时穿的手术衣却是绿色的，这是为什么呢？

①避免补色残像的干扰，缓解视觉压力。人们盯着一个颜色很长时间，再去看别的地方，眼睛为了获得视觉平衡会产生视觉互补效应。手术过程中，持刀医生长时间看着红色的血液，突然转移视线，会因补色残像看到绿色，此时，若衣服是白色的，视觉就会受影响，从而导致精神无法集中。但是，如果医生穿着绿色的衣服，就可以避免补色残像带来的视觉压力。

②除了手术衣是绿色的，手术过程中所有的手术巾也是绿色的。这是因为手术过程中要求视野清晰，而红色和绿色作为对比色，当红色的血弄到绿色的布上时，会呈现黑色，看起来不至于那么血腥。

③大部分手术衣需要反复高温消毒、反复使用，绿色的手术衣哪怕染上血迹，清洗消毒后也只会留下黑色的印子。

3.3　服饰风格搭配规律

◉ 任务内容

只有服饰的风格与个人风格相适合，才能体现个人的审美品位，从而为整体形象加分。下面，我们一起来分析常见的服饰风格，并找出各种风格的搭配规律。

任务图解

图 3 - 3 服饰风格搭配规律

夯实知识

3.3.1 女士服饰风格搭配规律

1. 少女型

少女型的女性比较适合轮廓柔和、小曲线、小量感的设计，如小花朵、小褶皱、小蕾丝花边等。在服装材质上选用比较细腻柔软的针织、薄棉、纱、蕾丝、平绒、轻薄羊毛等；图案上适合偏可爱、纤细或卡通的。在上班时可选择曲线剪裁的短款小圆领套装，可有蝴蝶结、蕾丝花边等有曲线感的小装饰物；休闲装选择偏可爱和小巧、有曲线感的。例如，小碎花或带蕾丝花边的衬衫、小喇叭裙、灯笼裙、带有可爱图案的柔软的 T 恤、薄毛衫等；晚礼服比较适合曲线剪裁、浅开口、有花边装饰的小款礼服。

配饰上同样适合可爱、小巧、偏曲线感的风格。

发型上最适合的是中短卷发，另外清爽的马尾辫、自然直发也是不错的选择。

少女型女性整体适合柔和、浅淡的妆面。

2. 优雅型

优雅型的女性适合曲线轮廓、精致、中小量感的设计，如小荷叶边领口、自然花边领口、心形领口、花瓣袖等。服装材质上适合比较轻柔的丝、纱、薄棉、混纺、薄羊毛等；图案上可选用轻柔、流畅、优美的中小量感图案，如具有纤细、柔和感的植物和轻盈的流线等。上班时为突出这类女性的优雅

59

与精致，应选择曲线剪裁的精致短款套装，可在领口、衣襟作精致的绲边、珠类镶嵌等设计，以减弱套装本身带给人的生硬感；休闲装应选择突出女性身材曲线的连衣裙、合身的羊毛衫、针织开衫、纱裙、真丝衬衫，不应选择过于休闲的牛仔裤及直线感过强的西装裤等；晚礼服比较适合中浅开口、有一定光泽感、色调柔和的纱、丝或真丝材质，在整体剪裁上比较适合包身小鱼尾或小面积拖尾设计。

配饰上同样强调优雅风格。例如，鞋子可选圆头或尖头，不适合过方或过宽的鞋头。鞋跟适合中、细跟设计，鞋面可有少许精致的装饰，如水钻、珠类等。

发型比较适合柔顺、自然的中短披肩发、松散的盘发、中小曲度的卷发等。优雅型女性比较适合干净、柔美的妆面，可用色调柔和的眼影、口红等。

3. 浪漫型

浪漫型女性适合比较性感、有吸引力的曲线型风格。因此，在进行服饰装扮时，需要考虑和这一风格相协调。

浪漫型女性在服装款式上适合曲线型剪裁，因为这一风格的量感较大，所以在领子的设计上应注意领口的内外轮廓的量感都不能太小，比较适合中、深领口，不适合直线感、棱角感较强的领子，面料较软的悬垂领口、青果领、大椭圆领、披肩领等较为协调。为了强调曲线感，腰部、胸部的设计要注意贴身，亦可在领口、衣襟、下摆处加上大褶皱、大荷叶边等。整体比较适合裙装，尤其是包身鱼尾裙、大摆裙等。服装材质上比较适合柔软、有光泽感的面料，如浪漫感较强的丝绒、丝绸等，有光泽感的金属面料，比较轻透的真丝、纱等；服装设计上适合线条流畅的动植物图案，或浪漫、大气的绣花、镂空设计等。上班时比较适合面料柔软、优雅大气的服装，可以在细节上突出身材曲线，但不适合打扮得过于性感；晚礼服可选择能突出自身性感和浪漫感的设计，如低胸、露背、包身鱼尾裙或长拖尾裙等。

配饰上应该避免过于小巧、可爱或直线感较强的。例如，鞋子比较适合细的中高跟，鞋头适合比较流畅的尖头，粗跟、宽头都不适合，也不适合小花朵、小动物图案；首饰比较适合金属质地的或佩戴珍珠、水晶等量感较大、款式比较复杂的。浪漫型女性在发型设计上最适合的是大曲度、蓬松的长、短卷发，不适合过于紧致的包发；可以把嘴唇、眼睛加以重点修饰，但整体妆感是优雅、妩媚，而不是浓艳、性感。

需要注意的是，因为这种风格的女性本身就女人味儿十足，所以在服饰上虽然整体偏向曲线感设计，但同时应该注意避免过于花哨和轻浮。

4. 少年型

少年型的女性适合偏直线感、简约、中小量感的整体装扮，避免过于可爱、夸张、前卫的风格。

少年型女性的服装宜以直线剪裁为主，不能过于宽松。在领型上比较适合小平驳领、衬衣领等，内轮廓多为"一"字形、长方形、"V"形等。整体比较适合裤装，裙装则要注意面料不宜过于轻薄、柔软，避开纱、丝绸等，选择细密棉布、条绒、牛仔布、混纺等有一定挺括感的面料。在图案上可选择清晰的细条纹、细格、相对规则的几何图形等。上班时适合穿直线剪裁、款式简约、没有太多装饰的短款上装，搭配较为挺括的裙子或裤子，如 A 字裙、西装裤等；休闲装适合帅气、利落、偏中性的，所以休闲衬衣、小立领毛料上装，挺括、不易变形的毛衫、牛仔裤等都是不错的选择；在晚礼服设计上既可以适当向女性的柔美靠拢，穿直线型的小礼服，也可以充分展现自己的帅气，选择马甲、立领衬衫搭配靴裤的牛仔风格装扮。

配饰上避免复杂，突出少年感。例如，鞋子比较适合尖头、方头设计，鞋面不要有过多女性化装饰物；首饰比较适合水晶、金属等款式简约、量感较小、直线型设计的。

发型上适合中短直发、碎发、微卷发，避免大卷发等；妆面突出自然美。

5. 自然型

自然型女性整体呈现随意、简朴的直线型风格，因此在服装款式上应追求舒适、随意。领子比较适合小 V 领、小立领、小方领、"一"字领等，避免线条过于生硬的大 V 领、大方领，也不适合曲线感过强的大圆领、大荷叶领和花边领等；在图案上避免小花朵、小动物等，亦不适合很浪漫、很花哨或棱角感很强的造型，比较适合格子、一般的几何图案、动物纹图案等，颜色趋于大地色系；质地上比较适合亚麻、粗纹棉、牛仔布等无光泽的面料。上班时适合穿简单、直线剪裁的服装，面料不宜过于轻盈、柔软，适合麻纱、毛料、混纺套装；休闲装适宜选择款式简单大方、相对宽松、随意或具有运动感的，如粗毛线衫、有一定挺括感的 T 恤、棉衫、牛仔装、A 字裙等；晚礼服比较适合大方、适度收身、无光泽感的，避免过于性感的设计。

配饰同样追求自然简约的风格。例如，鞋子比较适合中低高度，鞋面少装饰，鞋头偏方头或尖头，过于圆润或过于宽的鞋头都不适合；首饰比较适合造型简单的银质或绿松石饰品。

自然型风格的人比较适合线条自然的发型，避免过于精致或造型感过强。妆面突出自然、清新的感觉，应减少修饰痕迹。

6. 前卫型

前卫型风格的女性有着很强的都市感和时尚气息。这种风格的人对服饰的驾驭能力较强，但整体上还是偏于直线型风格。

适合曲直结合的剪裁方式，突出服装的时尚感。避免曲线感或浪漫感过重的服装，但也不适合过于呆板、随意的样式；在材质上适应面比较广，毛料、有一定挺括度的棉、合成面料、各类皮革等都是较为合适的；图案上适合不太规则的条纹、格子、圆点、抽象或略有夸张的动植物造型等。上班时适合做工精致、具有一定时尚元素、干练的职业套装，为了减少套装带来的呆板，可以搭配造型别致的胸针、小丝巾或闪光面料的衬衣；休闲装可以时尚、前卫一些，如宽腿裤、样式别致的牛仔裤，闪光面料衬衣，精致、挺括的连衣裙等；晚礼服可选择范围较广，只要避免过于性感、浪漫的造型即可。

前卫型风格的人对配饰的适应度良好。例如，对于鞋子，鞋跟可高可低，鞋头可尖可方，鞋底可薄可厚，鞋面可装饰可简约，系带鞋、拉链鞋均可；在首饰的佩戴上，根据需要，可选择金、银等金属质地的，也可以选择水晶、琥珀、钻石等天然材质的。

前卫型的人发型可直可曲、可长可短，只要避免曲度过大的波浪发和古典的盘头造型即可。

妆面的修饰感可以偏强一些，如可以对眼部和唇部进行重点修饰。

7. 古典型

古典型风格的女性较为端庄、保守，服装款式要以直线剪裁为主，突出服装的品质精良、高贵典雅。精致的绲边，腰身、肩部、衣兜的合体设计都能凸显服装的品位；古典型女性在材质上适合细密、有一定挺括度的毛料、棉麻、精纺、针织等面料；在图案上比较适合排列规则的格、条纹、圆点等，避免过于凸显女性曲线的柔软面料和过于夸张或可爱的图案。上班时应选择做工精良、直线剪裁的合体套装或套裙。领型比较适合"V"领、小方领、"一"字领等，避免过于女性化的荷叶领、花边领等；休闲装多选用毛料、针织和丝织类毛衫、衬衣、收腰外套等；晚礼服要能突出其古典气质，如颜色素雅、材质上品的丝绒旗袍，搭配造型别致的胸针或披肩等。

古典型风格的女性在配饰上要求精致，避免廉价或造型复杂、夸张的配饰。例如，鞋子最适合的是光面皮鞋，鞋头比较适合尖头、小方头，避免太圆或过宽的，适合中高细跟，不适合粗跟或厚底鞋，鞋面装饰要精致大气；首饰应选择黄金、铂金、玉石等材质，也可佩戴珍珠，体现自身高贵、成熟的气质。

古典型风格的人在发型上要避免碎发和大曲度的波浪发等，偏向于整齐的中短直发、紧致的盘发等；妆面追求精致。

8. 戏剧型

戏剧型的女性风格较为夸张，因此适合夸张、醒目、大气的服装款式，拒绝平庸、呆板、过于严谨、正统的服装，剪裁可直可曲，不适合小花朵、小褶皱的可爱造型。在领型上一定要大气，采用大立领、大方领、大"V"领、"一"字领等，避免小领；在材质上可采用有一定硬挺度的皮革、毛料、棉麻等，也可选择柔软、飘逸的丝绸、抽纱、丝绒等；在图案上适合高明度、强对比的几何图案、带有民族风格的动植物图案及其他抽象、夸张的不规则图案。上班时适合穿具有时尚感的职业套装，上装适合中长款，颜色、图案要醒目，搭配同风格的大丝巾或其他饰品；休闲装要能突出个性；晚礼服同样要选择大开领或露背的夸张大礼服。

戏剧型的女性在配饰上强调独特、夸张。例如，鞋子既可以选择极高极细的女性化十足的鞋跟，也可以选择平跟，长靴也是不错的选择。鞋头可以是大方头、尖头、方圆头等，不适合小圆头、小方头等量感较小的造型；首饰要造型夸张，避免过细、过小、过于规则的造型设计。

戏剧型的女性在发型上的适应面也比较广，既可以是中长直发，也可以是大波浪的卷发或其他别致的发型，但避免过于死板的小卷发、短发等；妆面可以多些修饰，例如用眼影来重点强调眼部。

3.3.2 男士服饰风格搭配规律

相比女性，男性服饰搭配要简单一些。男性服饰主要涉及服装和配饰，而在配饰上主要是鞋子、领带、包、手表等。

1. 戏剧型

戏剧型风格的男士存在感强、量感大，服饰的选择应遵循这一特征。此类型的人在外套的选择上比较适合立体剪裁的欧式西装，大戗驳领、双排扣、宽条纹是比较适合的选择，避免过于小气、图案模糊、死板的西装。衬衣比较适合选用大方领、大尖角领。衬衣和领带都比较适合醒目、大气、强对比的图案。在休闲装上，此类型的人比较适合宽松、时尚、大气的休闲西装、夹克、大衣、休闲毛衣等，在图案上比较适合直线型的宽条纹、方格、菱形格等设计。鞋、包、手表等配饰可以选择大气、简洁、时尚的款式。

2. 自然型

自然型风格的男士整体显得较为随意、有亲和力，整体感觉较为柔和，在西装的选择上比较适合简约、自然的造型，色调偏柔和，图案多呈弱对比，避免浪漫的闪光面料或强对比图案。衬衣适合方领、宽角领，不适合过于锋利的大戗驳领、大尖角领，衬衣和领带的图案都适合选择弱对比的条纹、方格或其他相对规则的几何图案，不适合太夸张或个性的图案。休闲装适合选择宽松的休闲西装、牛仔装、运动装等，质地适合粗棉、麻、粗呢、牛仔布等。鞋、包的材质比较适合天然质感的光面皮、翻毛皮或帆布等。

3. 古典型

古典型风格的男士需要突出自己的稳重与高贵，所以服饰整体上倾向于精致、正统与高品质。这种类型的人适合穿做工精良、剪裁合体的传统样式西装，以净面或整齐、规则的深暗色图案为佳，精纺毛料是最适合的选择，避免过于时尚的剪裁和过于夸张的图案，色彩比较适用暗色或深色调。衬衣适合标准领、方领，材质适合质地上乘的高织棉等，领带宜选用低光泽度的真丝等面料，衬衣和领带的图案倾向于排列规则、整齐的几何图形或中细条纹。此类型的人在休闲装的选择上比较适合面料挺括、直线剪裁、做工精良的，如翻领外套、"V"领羊毛衫、有明显裤线的裤装等，不适合休闲风格的包和鞋。

4. 浪漫型

浪漫型的男士性感而大气。这种类型的人适合适当收腰、做工上乘的西装，可以加入适当的曲线剪裁，如在领型和前襟设计上；面料可有一定的光泽度。衬衣适合相对柔软的棉、真丝材质，衬衣和领带适合有活泼感的花纹、螺旋纹，避免过于锋利的几何图案，可有一定的光泽度；色彩比较适合饱和度较高的颜色。休闲装适合质地柔软、有一定浪漫感的休闲外套、高领毛衫和休闲衬衫。鞋、包的材质可以选用相对柔软的皮质。

5. 前卫型

前卫型风格的男士时尚而叛逆。这种类型的人在西装的选择上适合小驳领、适当收腰的，在领子、袖口、衣兜等处可以适当加上当季的流行元素，比较适合有挺括感和一定光泽度的面料，图案整体偏直线感，可有一定的对比度。衬衣适合采用尖领、立领等，衬衣和领带适合选择不太规则的条纹、方格和其他比较个性的图案。休闲装适合标新立异的、能够引领时尚的。此类型的人适合有一定光泽度、造型时尚的鞋和包，也适合佩戴装饰感强的饰品。

以上建议只针对风格比较典型的人而言，而生活中的大多数人或是偏向某种风格，但不标准，或是本身就属于几种风格的综合。身材、身高、肤色、性格、年龄等都会在一定程度上影响个人风格，而每件服饰本身的风格同样不是唯一的，有很多服饰本身的风格并不明显，甚至同一件服饰上会出现几种不同风格，加上不同时代流行元素、审美观的差异，服饰的风格更是难以具体界定。因此服饰风格搭配规律只是为我们提供一个基本的范式，而在进行具体装扮时，必须把各种因素统统考虑在内，要灵活运用而不宜生搬硬套。

📍 小知识

国风雅韵——"北服设计"绽放杭州第 19 届亚运会

北京服装学院教师和研究生团队承担了亚运会开篇"国风雅韵"的服装设计，设计团队深入挖掘"中国历代绘画大系"中的宋画作品，从中汲取宋韵文化美学元素，并融入杭州西湖十景等典型的浙江地域符号与意象，进行传承和创新设计。精美的服饰与演员精湛的表演、高科技的地屏影像相得益彰，将体育与文化、科技、艺术相融，打造了一场艺术盛宴，讲述了新时代"中国美"的故事，将中华文化和中国美学以生动绚烂的形象呈现在世界面前。演员裙体的山水纹样中还点缀了由 3D 复合工艺制作的亭台楼阁和树木纹样，形成层叠立体的宋韵山水绝美意象，凸显了生态之美、人文之美、体育之美。

3.4 形体与服饰搭配

📍 任务内容

形体主要指身体的外观形态。在影响一个人外在形象的众多因素之中，形体至关重要。形体美是外在美的基础，形体美加上得体的服饰、良好的气质共同构成一个人的美好的外在形象。不同时期对形体美的标准是有区别的，历史上的"环肥燕瘦"即很好的例证。即使在同一时期，不同国家和地区对形体美的判断标准亦有差异。例如，非洲很多国家以丰满为美，而一些东方国家以瘦为美，而欧美地区大多喜欢健康、性感的。

🎯 任务图解

图3-4 形体与服饰搭配

🎯 夯实知识

美的形体大致有以下参照标准：身体各部分骨骼发育匀称，肌肉有弹性；身长等于七个或七个半头长；体态有活力，胖瘦适中；头型大小适中，头部剖面大体呈椭圆形；脸型标准，五官端正，并和整体体形、气质相吻合；双肩对称，宽窄、薄厚适度；背视脊柱成直线，侧视女性有较为明显的"S"形曲线；腰细，有线条感；腹部扁平，无明显赘肉；女性臀部圆润、上翘，男性臀部较小、平；下肢修长、线条流畅，两腿并拢时没有过宽的缝隙，侧视没有明显的弯曲感；双臂修长，男性有明显的肌肉感、手指关节明显，女性双臂线条圆润，大臂没有明显赘肉，手指关节不明显；肤色健康、皮肤有弹性。

美的形体既受先天遗传的影响，也受后天锻炼、塑形的影响。而形象设计师的任务就是根据设计对象现有的形体特点，按照扬长避短的原则为其设计形象，使服饰与形体完美结合。

3.4.1 女士形体与服饰的搭配

女性的标准体形为"X"形，其整体特点为：胸部、臀部较丰满，腰部纤细。非标准的体形有"H"形、"O"形、"A"形等。标准体形的人穿什么都好看，对服饰几乎没有太多要求，只要和个人的风格和气质相符即可。而更多女性的体形有着或多或少的缺陷，而只有了解各体形上的优缺点，才能做到扬长避短。下面我们主要就"H"形、"O"形、"A"形三种常见非标准体形与服饰的搭配关系加以介绍。

（1）"H"形

"H"形人的肩部、腰部、臀部和大腿等几个部位纵向看弧度不够大，甚至可能基本在一条直线上。这类体形看起来比较匀称，但缺乏曲线美，整体呈直线感，因此在服装选择上不宜选择过于紧身的款式和过于柔软的面料，比较适合偏宽松的款和质地相对硬挺的面料，要适当收腰。

（2）"O"形

"O"形人的腹部、腰部纵向看相对突出，形成上下两端窄、中间宽的视觉印象。这种体形不宜选择过于突出腰部、胯部曲线的服装，不宜选择弹性很大的紧身面料，可选择有一定宽松度的款式和相对硬挺的面料，上装要能遮盖住半个臀部，不宜穿瘦腿裤，为了增加上半身量感，可佩戴项链、耳环等。

（3）"A"形

"A"形人的典型特点是上半身瘦、背窄、腰细，但下半身胖，胯宽腿粗。对于这种体形的人来说，最重要的是通过选择正确的服装来强调上半身和弱化下半身。上衣可选择适当收腰的款式，最好色彩丰富，面料相对挺括。挑选下装时，宜选择面料挺括的"A"字裙、直筒裤，裁剪要简单，尤其臀部不要有多余的装饰，下装的色调要深。另外，同样可以通过佩戴项链、耳环等增加上半身的量感。

以上只是对三种典型体形的介绍，而在现实生活中，更多的人可能不属于以上任何一种体形，而只是某些部位的缺陷表现得比较明显。下面介绍几种常见的体形缺陷及其弥补方法。

（1）头部偏大或偏小

头部偏大的人应选择简单、比较贴头皮的发型，避免过度蓬松的发型。头上最好不要戴任何饰物，而在服装的选择上比较适合开放式领口，上装剪裁宽松度适中，领部、肩部不要有过于明显的装饰，下装不宜选择锥形裤、瘦腿裤，鞋子要量感适中，以免产生头重脚轻之感，失去平衡。头部较小者在整体装扮上同头部偏大的人正好相反，不再赘述。

（2）颈部短或粗

对于女性而言，颈部细长是形体美的一个标准，而对于颈部又短又粗的人来说，应选择"V"形或"U"形领等开放式的简单领型，避免复杂的领型和肩部设计，同时尽量不戴项链，尤其不要戴短粗或夸张的项链，尽量使面部和颈部在视觉上有统一感。

（3）胸部过平或过大

适度丰满的胸部是女性美的重要标志，胸部过平或过大都会破坏这种女性体形的和谐美。

胸部较平的人适合穿胸前有褶边、荷叶边、多层抽褶或适度宽松的衣服，避免过于紧身且胸部无装饰的设计，也可在胸前戴上比较精致的项链。胸部过大的人不宜选择胸部周围有分割线、口袋，以及褶皱、蓬起等设计的服装，也不适合过于柔软、高弹性的紧身面料，颜色上不宜太鲜艳。挺括、有质感的面料，偏深的颜色及适度宽松的设计是不错的选择。

（4）大臂过粗

体形匀称的女性的大臂围度应适中，如果大臂过粗，在上装的选择上应避免无袖装或盖袖，应选择长袖或中长袖，以至少能盖住半个大臂为宜，对于需要穿晚礼服的晚宴等场合而言，可以在无袖晚礼服外面搭配得体的披肩，对大臂进行适当遮掩。

（5）身材偏胖

身材偏胖的人在服装主色调上宜选择黑色、深蓝、深褐、墨绿、蓝灰等深色、暗色，但要有小面积的亮色做点缀，否则整体就显得比较沉闷、厚重，明暗色调之间不要有过于强烈的对比感；图案上以单色、竖条纹或碎花为宜，不适合复杂、夸张的图案或宽横纹；在面料上不要太厚或太薄，不要有太大的弹性，应以柔软适度、相对挺括的面料为主；在款式上以合体为佳，过于宽松或紧身的衣服都是应该避免的，上装可适当收腰，下装适合穿直腿裤，不适合喇叭裤、水桶裤或锥形裤等造型夸张的裤子。身上不要有很明显的饰品，鞋子不要过于厚重。

（6）臀部较大

臀部较大的人在服装色调方面宜选择上浅下深、上明下暗的；在款式、面料方面，上身比较适合直筒的款和略有收腰的挺括面料，避免过于收腰的款和柔软面料；上衣长度要能盖过半个臀部，也可选择宽松的长外衣、长风衣。裤子适合选择剪裁得体、面料挺括的，横条纹、又紧又短或臀部有明显装饰物的都应该避免。另外，标准的"A"字裙也是很好的选择，百褶裙、大格子裙或图案复杂的长裙都不适合。

（7）腰粗

腰粗的人，上装应选择收腰的款式，下装选择面料挺括的"A"字裙、直筒长裤，下装最好和鞋子同一个色系。主要忌讳两点：腰部有明显装饰，如有腰带、褶皱；直筒长裙或百褶裙的设计。

（8）身材偏瘦

过于纤瘦的体形，如果在服装上选择不当就会给人以单薄、弱不禁风之感。偏瘦的人在服饰的选择上和体形偏胖的人基本相反：服装主色调上适合有膨胀感的浅色、暖色、亮色，还可以用两种强对比的色调增加夸张感；图案上适合横、宽条纹和夸张图案；面料上比较适合粗纹理、蓬松的，也适合针织或闪光面料；款式上可以选择相对宽松、多装饰的设计，至少避免上下都是深色且单色的设计，那样会显得单薄。也可以根据自己的风格搭配一些饰品，以增加整体量感。

（9）个子较矮

个子较矮的女性量感偏小，因此不宜选择带有大格子、大花图案的服装，裤子不宜太宽松，裙子不宜长过小腿，最好选择有小图案或单色的合体短裙或长裤。鞋子的跟不要太高，否则会有上下身比例失衡之感。

（10）腿型不佳

腿型不够完美的情况，具体又可分为以下2种。

①小腿粗。这种体形适合穿裤子或能盖住小腿肚的长裙，不宜穿暴露小腿的短裙、短裤。

②腿型弯曲。腿型以修长、笔直、线条流畅为美，腿型弯曲分为"X"形和"O"形两种。不管属于哪种，在夏装穿着时要避免暴露腿型的瘦腿裤、弹力裤、短裙等，避免紧裹小腿的长靴配短裙或短裤的设计，应选择长裙或面料比较硬挺、款式宽松的长裤。

（11）削肩和宽肩

肩部以宽窄适度且有圆润弧线为美，有缺憾的肩通常分为削肩和宽肩两种。削肩的人不宜穿无袖、露肩上装，可通过加垫肩，穿有泡泡袖、蝙蝠袖、褶皱设计的衣服，或穿戴披肩等方法加以修饰；宽肩的人在选择上装时和削肩的人正好相反。

3.4.2 男士形体与服饰的搭配

男性形体根据外观大致分为"T"形、"H"形和"O"形三种。

1. "T"形

"T"形是比较理想的体形，就是通常说的"倒三角形"。其典型特点是肩部最宽，胸部和腰部围度相差较大，有优美的肌肉弧线，充满力量感，这种体形多是长期健身的结果，是西方审美文化中的标准体形。这种体形在穿衣时，要注意上装肩部不宜有明显装饰或厚垫肩，不宜穿收腰明显的款；裤装比较适合稍宽松的西裤或休闲裤，不适合较为时尚的瘦腿裤等。总之，这种体形的典型特征是上宽下窄，在着装时应适当弱化这种上下量感的差距感，尽量取得整体的平衡。

2. "H"形

"H"形是最常见的男性体形，也称为"矩形"身材。典型特点是身体从正面看两侧没有明显的弧度，接近直线，胸围基本等于腰围。根据个子高低、身材胖瘦，这种体形又可分为标准"H"形、高瘦型、高胖型、低瘦型、低胖型，不同的情况穿衣时同样有区别。对于比较标准的"H"形体形而言，在穿衣时基本上没有太多忌讳，只要注意符合个人风格和 TPO 原则即可。而对于另外几种非标准"H"形体形而言，需要进行有针对性的修饰：高瘦型人不要穿过于暴露身材的深色紧身衣服，浅色或格子（或条纹）的相对挺括或相对宽松的款都是不错的选择；高胖型人要注意适当修饰胖带给人的臃肿感，其方法与女性偏胖型人的弥补方法相似；低瘦型人如果着装不当会给人瘦瘦小小的感觉，其在服装选择上要避免上下身服装颜色反差太大、横条纹设计、腰带颜色和裤装不统一等，这种体形比较适合上下身颜色比较统一或接近，腰带、下装和鞋子的颜色尽量统一的装扮；低胖型人在着装时要同时注意"低"和"胖"两类型人的着装忌讳。

3. "O"形

"O"形是中年发福、缺乏运动男性的常见体形,典型特点是腰围普遍大于肩宽和臀围,脖子因脂肪堆积而显得短粗,全身的很大一部分重量集中在腹部,给人比较笨重的视觉印象。这种体形的人在着装选择时的禁忌与低胖型身材相同。在服装主色调上应选择深蓝、深褐、墨绿、蓝灰等深、暗、浊色,但要有小面积的亮色做点缀,明暗色调之间属于弱对比;图案上以单色、竖条纹为宜,不适合夸张或宽横纹的图案;在面料上不要太厚或太薄,不要有太大的弹性,应以柔软适度、相对挺括的面料为主;在款式上应以廓型合体剪裁为宜,过于宽松或紧身的衣服都是应该避免的。腰带、下装和鞋子的颜色尽量统一,且以深色为佳。

以上只是列举了几种典型的形体,并探讨了形体与服饰的搭配关系,而在服饰礼仪和服饰风格部分我们了解到,一个人的穿着还和时间、地点、场合及自身风格特征等密切相关,只有对上述诸因素熟练掌握,并将之灵活运用于实践中,才能成功打造完美的外在形象。

◉ 小知识

首先,准备一根皮尺,详细测量你的肩宽、胸围、腰围、臀围,并记录数据。

"H"形:$0 <$(肩宽 + 臀围)$/2 -$腰围$\leqslant 20$cm

"A"形:(肩宽 + 臀围)$/2 -$腰围> 0

"X"形:(肩宽 + 臀围)$/2 -$腰围> 20cm

"O"形:腰围 - 肩宽> 20cm,腰围 - 臀围> 20cm

3.5 着装礼仪

◉ 任务内容

从礼仪的角度来看,着装不能简单地等同于穿衣,它要求着装者基于自身的阅历修养、审美情趣、身材特点,并根据时间、场合、目的,力所能及地对服饰进行精心选择和搭配。个人着装所体现出来的仪表美，能增加交际魅力，给人留下良好的印象，使人愿意与之深入交往。注意个人着装，是每个事业成功者的基本素养。

任务图解

图 3 - 5　着装礼仪

夯实知识

3.5.1　女士着装礼仪

女士的服装比男士的更具有个性和特色，合体、合意的服饰能增强女士的自信心。女士在职业场合的着装以职业套裙最为规范和常见。套裙的选择、穿法和搭配都极有讲究。

1. 套裙的选择

女士选择合适的套裙需要注意以下几点。

（1）面料上乘

女士套裙的上衣、裙子、背心应选上乘面料，外观平整、顺滑、光洁、挺括，弹性好、手感好，不起皱、不起毛、不起球。

（2）色彩宜少不宜多

套裙应以冷色调为主，体现出着装者的端庄和稳重。一般情况下，加入一定灰调色彩的都可以纳入考虑的范围。应特别注意的是，套裙的色彩不宜超过两种。

（3）图案忌花哨

女士在正式场合穿的套裙可以不带任何图案，也可以带有格子、圆点、条纹等图案。其中，以方格为主体图案的格子套裙十分美观，显得充满活力。

（4）尺寸合适

传统观念认为，裙短则不雅，裙长则无神。上衣不宜过长，下裙不宜过短。职业套裙的裙长最短至膝盖，坐下时裙子会自然地向上收缩，如果裙子上缩后离膝盖的长度超过10cm，就表示这条裙子过短；裙子最长可以到达小腿中部。

（5）剪裁合身

套裙大致有"H"形、"X"形、"A"形、"Y"形等。"H"形上衣宽松，裙子多为简式，给人干练、洒脱的感觉，也可以掩盖身体较胖的缺点。"X"形上衣紧致，裙子多为喇叭式，穿上显得曲线自然，突出腰部的纤细，给人活泼、浪漫的感觉。"A"形上衣紧身，裙子宽松有致，富有变化和动感。"Y"形上衣宽松，裙子紧身且为简式，可以遮盖上身的短处，显得亭亭玉立、端庄大方。

2. 穿套裙的讲究

（1）穿着端正

套裙上衣领子要整理好，上衣的口袋要平整，衣扣要全部系上，不应在公众场合随意脱下上衣。在正式的场合中，无论什么季节，都必须穿长袖。

（2）注意场合

女士在不同的场合着装要有所变化。在正式谈判、会见和拜访中，需要选择单一深色、无明显图案、面料挺括的西装套裙，内搭浅色的衬衣，凸显沉稳和专业；在较为轻松的正式活动中，如正式研讨、与熟悉的客户见面及公司会议等场合，则可以选择不同的西装套裙；在公司部门会议、公司培训，或陪客户喝茶、用餐等场合，可以选择正式休闲装，款式和风格可以设计感强一些，色彩可以清新、明快一些。

（3）协调妆饰

穿套裙要有整体协调感，要求着装、妆面与配饰风格统一。正式场合女士要化妆，但不能化浓妆，在工作中配饰以少为宜，配饰风格要符合自己的身份，且佩戴数量不超过三种。

（4）兼顾举止

穿套裙时不宜举止失当，要注重仪态。站要站得又稳又直，不可岔开双腿、站得东倒西歪或靠墙而站；坐的时候双腿不可分开过大、跷起一条腿不停地抖动、脚尖挑鞋直晃，甚至当众脱鞋；走路的时候步伐不能太大，步子要稳要轻；取物的时候尤其应注意防走光。

3. 套裙的搭配

套裙中衬衫、衬裙、鞋袜等的选择也是极有讲究的，搭配得体才能体现出女性的端庄。

（1）衬衫的搭配

衬衫的面料要求轻薄而柔软，可以选择真丝、麻纱、纯棉；颜色最好是白色、米色等，雅致而端庄，并且能够体现女性的柔美；色彩与套裙的色彩要相协调，内深外浅或者外深内浅，形成深浅的对比；款式要求简约，不带花边和褶皱。此外，穿衬衫时，需要注意的是衬衫下摆必须放在裙腰之内，不能放在裙腰外面，或者在衬衫下摆的腰间打结。除了最上端一粒纽扣按照惯例允许不系之外，其他的纽扣都不能随意解开；不穿透明且紧身的衬衫，不能在外人面前脱下西装直接以衬衫示人。

（2）丝巾的搭配

丝巾作为女性穿搭的特别配饰，最常规的是装饰在颈部，正式场合套裙色调偏深，亮色的丝巾可以起到很好的色彩调节作用，成为服饰造型当中的点睛之笔。丝巾的款式多样，按规格可分为大、中、小丝巾，按材质可分为丝、棉、麻、混纺丝巾，按形状可分为长方形、正方形和三角形丝巾。丝巾系法很多，不同的系法有不同的效果。如长款的丝巾可以在脖子处系扣打结，起到点缀的作用，显得非常优雅；四角方巾可以直接塞进衬衫，显得优雅而随性；直接把丝巾作为口袋巾佩戴，显得干练，凸显女强人气场，点缀性很强。

（3）鞋袜的搭配

与职业套裙配套的鞋子应为高跟、半高跟的船式皮鞋。黑色高跟或半高跟的船式皮鞋是职场女性必备的基本款，几乎可以搭任何颜色和款式的套裙。

系带式皮鞋、"T"形皮鞋或皮靴、皮凉鞋都不适合在正式场合穿着，露出脚趾或脚后跟的凉鞋和皮拖更是正式场合的禁忌。有亮片或水晶装饰的鞋子不适合正式场合。皮鞋的颜色最好与包的颜色一致，并且与衣服的颜色相协调。正式场合的袜边是不能露在套裙外的，因此中筒袜和低筒袜不能与套裙搭配穿。正式场合穿职业套裙应该选择肉色的长筒丝袜。穿长筒丝袜时要防止丝袜滑落。丝袜容易被划破，如果有破洞、跳丝就要立即更换，在重要的场合可以多准备一双丝袜以备不时之需。

（4）其他配饰

其他配饰有戒指、项链、耳环、手镯、胸针、头饰等。在正式场合女士佩戴的饰物要与服装整体相协调，款式要简单精致，同时佩戴的饰物不能超过三种，否则要素会过多，影响整体的效果。

①戒指。戒指的佩戴有一定的意义，所以佩戴戒指不能随心所欲，一般情况下一只手只能戴一枚戒指，通常是戴在左手上。戴在食指表示没有男朋友，戴在中指表示正处在热恋当中，戴在无名指表示已经订婚或结婚，戴在小指代表自己是独身主义者。

②项链。佩戴项链时可以利用项链的长短来调节视觉效果，起到锦上添花的作用。又细又长的项链可以弥补脖子粗短的缺陷。项链上的挂坠也能体现佩戴者的气质和个性，如椭圆的挂坠能体现佩戴者成熟、温润的气质，而菱形和方形的挂坠能体现佩戴者独立自信的气质。

③耳饰。在正式场合不要佩戴造型夸张的耳环，造型简约的耳饰既能凸显女性美又显得端庄稳重。戴耳钉时，一只耳朵只能戴一个，不能一只耳朵戴好几个。穿礼服时可以佩戴装饰性较强的耳环，但也要注意与脸型和服饰的搭配。

④手镯和手链。一只手腕不能同时戴手表和手链，也不要同时戴两条手链或者两只手镯。如果戴手链妨碍工作，就不要佩戴。

⑤胸针。胸针是套裙最主要的饰品。穿裙装时，别上一枚精致的胸针，能为形象添彩。胸针一般别在左胸襟，胸针的大小、款式和材料可以根据喜好来决定。

3.5.2　男士着装礼仪

西装通常是商界、政界男士参加正式场合的首选服饰。西装能够体现男士的品位、教养、风度等。对一般人来说，一件套装，配上不同的衬衫，差不多就可以应对多数场合的需要。但并不是任何一套西装都能够凸显穿着者的魅力，男士要注意西装的选择、穿法和搭配。

1. 西装的选择

（1）用料及做工

毛料是西装首选的面料，具体而言，最好选择纯毛面料和毛涤混纺面料。不透气、不散热、发亮的各种化纤面料，不宜用来制作西装。另外，西装的做工也很重要，粗糙的做工会使西装在穿着的过程中易走形，大大降低了西装的美感，因此在购买西装时一定要检查做工：一要看缝线是否平直，有无断线、重线和跳线；二要看西装里与西装面是否服帖，有无褶皱和鼓包；三要看面料拼接是否协调自然；四要看西装熨烫后是否挺直，光泽是否一致。好的西装面料及做工是保持西装挺括的基本条件。

（2）色彩

正式场合男士穿着西装时，色彩应庄重严肃，不能轻浮随便。男士首选的颜色是藏蓝色，也可选择灰色、棕色、黑色，黑色宜用在更加庄严的场合。在正式的场合，单色的西装较为符合礼仪规范；而在半正式的场合，颜色素雅的套装更适宜。此外，一般来说，身材高大的人应该穿深色，这样可以避免给人带来视觉上的臃肿感，而身材比较矮小的人最好选择浅色，浅色给人的感觉偏舒展。

（3）款式

区别西装具体款式主要有两种最常见的方法。

①按照西装的件数来划分，西装有单件和套装之分。在正式场合，男士的着装须是西装套装，参与高层次正式活动时，尤以穿三件套的西装为佳。单件的西装，即西装上衣，仅用于非正式的场合，如外出游览和一般性聚会等。

②按照西装上衣的纽扣排列来划分，西装上衣有单排扣和双排扣之分，单排扣的西装偏传统，而双排扣的西装偏时尚。

单排扣的西装，最常见的有一粒扣、两粒扣和三粒扣三种。一粒扣的西装扣子可以扣上也可以不扣。两粒扣的西装讲究扣上不扣下，即只扣上面那一颗纽扣。三粒扣的西装，如果场合需要扣上，那只扣中间一个，平时可以全部不扣。

双排扣的西装，主要有两粒纽扣、四粒纽扣和六粒纽扣之分。前两种西装属于流行款式，而六粒纽扣的西装则偏传统风格。双排扣的西装在着装过程中一般要把纽扣全部系上。

需要注意的是，就座状态可以把纽扣全部解开，这样做既使服装不容易扭曲变形，又能让人坐得舒服自然。

2. 西装的穿法

正式场合男士要注意西装的穿着规范，根据西装礼仪的基本要求，必须注意以下几个方面的问题。

（1）拆除衣袖上面的商标

在西装上衣的右边袖子的袖口处，通常会有一块商标，有时还会缝着一块纯羊毛的标志，在正式西装穿着之前切记要把它们拆除。

（2）熨烫平整

想要西装穿在身上美观大方，首先线条要笔直，要显得平整而挺括。要做到此点，就要每次在正式穿着之前认真地进行熨烫。另外，无论在何时何地，都不可以将西装上衣的衣袖挽上去，在公众场合，更不能随心所欲地脱去西装上衣，将它当作披风一样披在肩上，这会给人一种粗俗的感觉。

（3）扣好纽扣

穿西装的时候，上衣、背心、裤子纽扣的系法都有讲究，尤其是上衣的纽扣，系法讲究最多。一般而言，站立的时候特别是在大庭广众之下起身站好之后，西装的上衣纽扣应该系上，以示郑重其事；就座之后，西装上衣的纽扣则可以解开，以防西装扭曲走样。另外，西裤门襟的纽扣或拉链都要认真系好或拉好，尤其是参加重要活动，需谨慎检查。

（4）少装东西

为了保证西装在外观上不走样，口袋里应少装或不装东西。具体而言，西装上不同的口袋有着不同的作用，西装上衣左侧的外胸袋可以插入一块装饰用的真丝手帕，不宜再放其他东西，尤其不应当别钢笔、挂眼镜；内侧的胸袋可以用来别钢笔、放钱夹、放名片夹，但不要放太厚的东西；外侧下方的两个口袋原则上是不放任何东西的。西装背心的口袋具有装饰性功能，除了怀表之外，不宜放其他的东西。西裤两侧的口袋只能够放纸巾、钥匙包、零钱包；西裤后侧如有口袋，不宜放东西。

（5）细节规范

①西装的整体颜色必须庄重，如藏蓝、藏青、灰色、棕色、黑色等。按照国际的惯例，正规的场合应该穿单色西装。西装表现的是成熟稳重，所以一般都没有图案。穿西装时，身上的颜色不宜超过三种。正式场合，男士的腰带、皮鞋、公文包应是同一种颜色，且以黑色为首选。

②西装要合身。比如，当人自然站立时手臂自然弯曲，手指刚好触及西装的底边，就说明西装长度合适，如果伸直手，底边应该在中指的第二个关节处。西裤以其下缘落在鞋帮的 1/2 处为标准。

3. 西装的搭配

有一句行话说："西装的韵味不是单靠西装本身穿出来的，而是用西装和其他衣饰一道精心组合搭配出来的。"正式场合，男士穿西装要与衬衫、领带、鞋袜和其他饰品进行精心搭配。

（1）衬衫

与西装相配的衬衫是正装衬衫。正装衬衫具有以下特征：第一，面料以高织精纺的纯棉、纯毛面料为主，以毛、棉为主的混纺衬衫也可以酌情选择；第二，色彩单一，白色衬衫是首选，蓝色、灰色、棕色有时也可以考虑；第三，以无任何图案为佳，较细的竖条纹衬衫在一般的正式活动中可以穿，但禁止同时穿竖条纹的西裤；第四，正装衬衫的领型有方领、短领和长领，选择时要兼顾本人的脸型、脖长以及领结的大小；第五，必须是长袖衬衫；第六，以无胸袋为佳，如果有胸袋，胸袋里面尽量不要放东西。

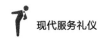

穿衬衫时需要注意以下 4 点：

①衣扣要系上，所有的纽扣都要系上，只有在不打领带的时候才允许解开衬衫的领扣。

②袖长要适度，衬衫的袖口应比西装的袖长长 1～2cm。

③下摆要掖好，不论是否穿外衣，都应把下摆认真地掖在裤腰之内。

④大小要合适，特别是要注意衣领与胸围要松紧适度，下摆不宜过短。不穿西装上衣而直接穿长袖衬衫打领带去参加正式活动，是不符合礼仪规范的，直接穿长袖衬衫打领带，适用于普通办公场合。

（2）领带

领带被称为"西装的灵魂"，它是西装重要的装饰品，在西装穿着中起画龙点睛的作用。一般而言，领带是专属于男士的饰物。穿西装时，特别是穿西装套装时，不打领带会使西装黯然失色。一套同样的西装更换不同的领带，往往也会有不同的风格。

①领带的挑选。第一，面料的选择。在正式场合佩戴的领带最好应该是真丝或者羊毛制成的。麻、绒、皮革、塑料等材质的领带，在正式场合中不宜佩戴。第二，色彩的搭配。正式场合使用的领带，应以蓝色、灰色、棕色、黑色、紫红色为主，多于三种颜色的领带不宜使用，浅色或者艳色的也不合适。第三，图案的选择。可以是单色的，也可以有条、网点、方格等规则的几何图案。第四，款式方面。领带的款式有箭头和平头之分，也有宽窄之别，下端为箭头的较为传统、正规，下端为平头的较为随意、时髦。而领带的宽窄，应与本人的胸围和西装上衣的衣领成比例。少年式的领带，如"一拉式"的领带不适合正式场合。第五，领带的质量。好的领带外形美观平整，无跳丝、无瑕疵、无线头，衬里不变形，悬挂挺括，较为厚重。

②领带的佩戴。第一，注意场合。上班、办公、开会、走访等正式场合，以打领带为好；出席舞会、宴会、音乐会，可以打领带也可以打领结。第二，注意搭配。穿西装时必须打领带，不穿西装时通常不打。单穿西装上衣时可打可不打。穿西装背心时可以打。第三，注意位置。领带应紧贴衬衫，即如果穿毛背心，那么领带应该置于毛背心与衬衫之间。第四，注意结法。领带

结的基本要求是挺括、端庄，呈倒三角形。领带结的大小与衬衣领子的大小成比例。第五，注意长度。打好的领带要求领带下端的大箭头正好在皮带扣的上端。第六，注意配饰。按照惯例，打领带时可以不用任何配饰，如果要使用领带夹、领带棒，不宜将其露出来；如果使用领带针，则有图案的一端应该置于外面。

（3）鞋袜

与西装配套的鞋子，只能选择皮鞋，即便是夏天也如此。和西装搭配的皮鞋最好是系带、薄底素面的西装皮鞋，皮料最好的是牛皮，猪皮、羊皮不合适，磨砂皮、翻毛皮常用于休闲皮鞋。按照惯例，与西装配套的皮鞋颜色通常为单色，且为深色，深色的西装一般搭配黑色的皮鞋。

男士在正式场合中穿皮鞋有五点要切记：一是鞋内无异味；二是鞋面无灰尘；三是鞋底无泥；四是鞋垫相宜；五是尺码合适。

穿西装皮鞋时所穿的袜子最好是纯棉、纯毛的，以深色、单色为宜。袜子的颜色要深于鞋子的颜色，最好是黑色或者与西裤相近的颜色。此外，穿西装不能穿白色袜子。

男士穿袜子时必须注意以下规则：一是袜子要干净。袜子最好一天一换，确保无异味。二是袜子要完整。穿着时要检查袜子是否有破洞，如果有应该及时更换。三是袜子要成双。四是袜子要合脚，太小容易破，而且容易下滑。五是袜子长度要合适。袜筒的长度最好高及小腿，坐下来不会露出腿部的皮肤，并有一定的弹性，穿着舒适。

（4）其他饰品

①公文包是正式场合男士外出之时必备的物品。男士的公文包选择有很多的讲究：第一，面料要选择真皮，以牛皮、羊皮为佳。第二，颜色最正统的是黑色，其次是棕色、咖啡色。公文包的颜色最好与皮鞋的颜色一致。第三，标准的公文包应该是手提式的，形状最好是长方形，夹式、挎式、背式等类型的皮包均不可以当公文包。第四，造型要求简单大方。除了商标之外，公文包上不应带有图案和文字。

②与西装相匹配的皮带应是皮质的，光面、深色，带有钢质皮带扣；皮

带宽度一般在 5cm 左右，颜色与鞋子和公文包的颜色一致。在系皮带的时候要注意，皮带上不要挂任何物品。

③与西装相配的手表要选择造型简单、颜色保守、指示清晰、表面比较平薄的正式款式。

④在正式场合，首饰要减到最少，至多戴一枚婚戒。

⑤熨烫平整的各种单色丝质手帕叠成三角、三尖峰、"V"形，插入西装上衣左上侧的胸袋，能够达到锦上添花的效果。

📍 小案例

一名业务经理各方面的能力都很出众，公司委以重任让其与外资企业进行业务洽谈。原本以为洽谈会非常顺利，但是令人意外的是，合作失败了。这家外资企业给出的理由是对方公司缺乏合作的诚意。经过朋友多番打听才弄清楚失败原因：这名业务经理在洽谈的时候系错了自己的领带。

📍 小知识

领带有很多种系法，其中温莎结是最受欢迎的一种系法。温莎结的关键在于在领带结的两边都绕一个圈，这样一来，领带结就被填充得特别饱满，而且打成的三角形极为对称。其步骤如下：

（1）准备阶段

选择一条合适的领带，将其对折成宽度约为两指宽的长条。

（2）打结过程

①将领带的一端（称为大领）置于颈部的右侧，另一端（称为小领）置于颈部左侧。

②大领跨越小领，形成三个区域：左上、右上和中区。

③从右上区域的领带上部开始，将大领翻转到中区。

④将大领翻转回右上区域。

⑤将大领翻转到左下区域。

⑥将大领翻转回右下区域。

（3）固定阶段

①使用一只手轻拉着小领的前端，同时用另一只手的拇指和食指夹住领带的中点。

②将领带从中点向内旋转，通过中区的圆环。同时，将大领从领带结的上方穿过中区，并继续向外旋转。

③当大领完全穿过中区后，将其拉紧并调整至合适的大小。

（4）完善阶段

①可以轻轻地向下拉伸领结，使其更加紧凑。

②如果需要，可以捏紧领结的两个角，并向下方弯曲以增强视觉效果。

③将领结拉至领口处，并进行适当的调整。

✏ 项目小结

服饰礼仪中"服"是指服装，"饰"是指饰品。服饰礼仪即指人们在穿衣及配饰方面应当了解与遵守的规范。服饰礼仪的基本要求包括整洁合身、符合身份。服饰礼仪的 TPO 原则是，根据时间、场合、地点选择服饰。

个人色彩的分析判断主要依据肤色、发色、瞳孔色、唇色、眉色。个人色彩分为浅暖、浅冷、深暖、深冷四种类型。

女士服饰风格从服装款式、服装材质、配饰、发型和妆面等方面阐述了其搭配规律。男士服饰风格从外套、衬衣、领带和配饰等方面阐述了其搭配规律。

女士形体与服饰的搭配从体形与服饰的搭配和常见体形缺陷的弥补两方面进行了讲解。男性形体与服饰的搭配中将男性体形大致分为"T"形、"H"形和"O"形三种。

女士着装礼仪对套裙的选择、穿套裙的讲究、套裙的搭配和其他配饰的搭配一一进行了阐述。男士着装礼仪对西装的选择、穿法和搭配的技巧进行了讲解。

实践体验

小梦接到领导下发的紧急任务：下周一为来调研的客人提供会议接待服务。接到任务后他忐忑不安，他上一次因个人服饰问题，工作开展得不太顺利。如果你是小梦，你的服饰应该如何选择？

1. 任务要求

熟练掌握个人色彩；运用服饰风格搭配规律；根据体形合理搭配服饰；符合着装礼仪。

2. 评价要求

根据实践体验内容，在素养评价表中（见表3-1）对学生完成活动所涉及的能力进行评分，没有涉及的能力不评分，每种能力总分5分。可以是自评，可以是学生评，也可以是师评。

表3-1　　　　　　　　　　素养评价表

能力项目	细化指标	评分	能力项目	细化指标	评分
知识内化	知识获取		职业态度	敬业	
	知识分析			责任心	
	知识归纳			独立性	
	知识构建			进取心	
	知识总结			主动性	
专业能力	专业理论		心理素质	自信心	
	专业实践			包容心	
	色彩恰当			平常心	
	搭配合理			尊重含蓄	
	符合情境			积极乐观	

项目四　服务仪态篇

项目目标

知识目标：了解仪态的重要性；

掌握站姿的动作要领；

掌握坐姿的动作要领；

掌握走姿的动作要领；

掌握蹲姿的动作要领；

熟练运用微笑和手势。

能力目标：提升服务人员的仪态气质；

优化服务人员的外在形象。

素质目标：培养学生劳模精神；

树立爱岗敬业的意识。

任务导入

小梦是初入职场的新员工，第一天上班，他看见其他工作人员都精神抖擞地工作着，觉得自己还有很多欠缺的地方，不知道该如何提升自己，于是向经理请教。

经理耐心地对他说："要想真正成为一名合格的服务人员，你还需要认真练习仪态基本功。"

小梦问："我需要勤练哪些基本功呢？"

小梦与经理交流后，茅塞顿开，同时也认识到自己在服务人员的仪态举止方面还需要加强练习。

任务解析

仪态礼仪，在心理学上称为"形体语言"，是指人的肢体动作，是一种动态的美。在某种意义上，绝不亚于口头语言所发挥的作用。仪态礼仪并不是某个人规定的，而是被大多数人实践并充分认可的。所以，你如果做不到，就会被大多数人所看不惯，他们会认为你对周围人及交往对象不尊重。

由于大多数人的交往是"一面之交"，你的服务对象没有机会也没有必要对你进行深入了解，因此，他们会靠对你的第一感觉进行评判。这个评判结果，可能会直接影响到后面的合作。如果你的仪态总是欠妥，纵使你舌灿莲花，也难以改变他们对你的印象。所以，必须重视仪态礼仪，不断增强服务意识。在日常工作中，服务人员的行为能够体现企业的服务水平。优雅的举止不是天生的，而是后天仪态训练的结果。作为服务人员，应该练好仪态基本功，成为一名高素质服务型人才。

4.1 服务人员的站姿

任务内容

仪态礼仪往往是出于习惯，所以播下良好行为的种子，你会收获良好的习惯、良好的性格，进而收获成功。那么服务人员怎样站才是标准而规范的呢？俗话说："站如松。"站是静态动作，展现的是静态美，站姿是坐姿、走姿、蹲姿的基础，身姿会直接影响到服务人员的精气神。得体的站姿，给人以健康向上的感觉，而不好的站姿会影响到服务的质量。女性的站姿应是优雅、大方的，男性的站姿要稳健、挺拔。服务人员要想拥有良好的仪态，应从规范的站姿开始学习。

任务图解

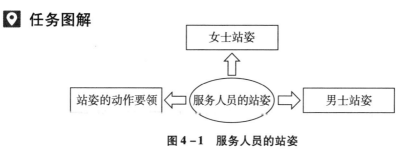

图 4 - 1　服务人员的站姿

夯实知识

4.1.1　站姿的动作要领

良好的站姿是体现服务人员自身高素养的重要方面，是体现服务人员仪态美的起点和基础。在社交场合，站立时身子不要歪靠在一旁，不要半坐在桌子边或靠在椅背上，更不能一只脚踏在椅、凳上；人要站直，最重要的是腰要直；双肩要平，下巴后缩，收腹挺胸，注意不要让臀部撅起；两手自然下垂，两脚踏平。尤其在长辈面前站立更应注意站直。长久站立时，可将全身的重量交替落在左右脚上，这样比较不容易感到疲劳。标准站姿的动作要领如下（见图 4 - 2）：

①站立时，身体应与地面垂直，两脚并拢，脚踝相扣，两脚跟相靠，犹

女士标准站姿　　　　　　　　男士标准站姿

图 4 - 2　标准站姿

如松柏一样挺拔。

②双腿并拢立直，收腹、立腰、挺胸、抬头、立脖、提臀。

③身体重心应在两腿中间，向上穿过脊柱及头部。

④双目平视前方，下颌微收，嘴微闭，面带微笑

⑤双手伸直，自然下垂，放在身体两侧，肩展开，要有精气神。

⑥女士可以双手相叠，轻轻地放在身体前面（胃部或腹部），男士可以放在身体后面。

⑦男士站立时可以两脚稍稍分开，但要注意两脚之间的距离不能超过脚长。在正式场合，站立时不要双手插在裤袋里，也不要双手交叉抱在胸前。这种姿势容易给人留下傲慢的印象。在酒会上，男士一手端酒杯、一手插在裤袋里，也显得比较优雅。

⑧女士站立时要注意不要摆玩衣角、发梢等，会给人一种漫不经心的感觉。最好不要靠着物品站立。

📍 小案例

冬奥会礼仪小姐练成记

俗话说："玉不琢，不成器。"在冬奥会上，每一名礼仪志愿者的站姿、走姿等都是经过严格训练的，正是因为进行了严格的选拔和封闭式的训练，她们才能在冬奥会的会场上自信昂扬、优雅大方，用最美的姿态展现中国青年的活力和朝气。思考：

①是什么精神让冬奥会上的礼仪志愿者有如此好的状态？

②冬奥会上的礼仪志愿者优雅大方的体态是怎样练就的？

📍 小知识

避免不雅站姿

人在站立时，要注意姿态优雅，否则会被认为失礼。站立时尽量避免做

出不雅观的姿态。不雅站姿如下：

①缩颈、探脖、耸肩、含胸、驼背、腆肚、撅臀。

②身躯歪斜、东倒西歪、勾肩搭背、靠墙或椅子。

③双腿弯曲或分开过大。

④身体不停地抖动。

⑤庄重的场合，双手插在衣兜或裤袋、交叉在胸前等。

⑥站立时出现内八字或蹬踩他物。

⑦下意识地做小动作，如摆弄衣带、发辫、咬手指甲等。

4.1.2 女士站姿

在服务工作中，女士站姿应是得体、优雅、大方的，动作基本要领为：双腿并拢，挺胸抬头，收拢下颌，双手自然下垂或于小腹前相握；双手相握时，应左手在前，右手在后，稳稳相握。

1. "V"字站姿

脚跟并拢，脚尖分开约45°，呈"V"形，正面迎接客人或等候状态可使用此种站姿。

2. "丁"字步站姿

一脚跟靠于另一脚内侧，脚尖略分开，呈"丁"字形。"丁"字步又可分为左"丁"字步和右"丁"字步，迎接客人时，站在门的左侧就用左"丁"字步，站在门的右侧，就用右"丁"字步（见图4-3）。

女士左"丁"字步　　女士右"丁"字步

图4-3 女士"丁"字步

89

◪ 小案例

我们常说一个人要"站有站相，坐有坐相"，这里的"相"并不是指一个人的相貌，而是指一个人的姿态，不同的姿态展现出不同的气质，好的姿态能让人感觉舒服，让人感受到美。

"亭亭玉立"的女士就算只是站在那里也是一道风景，在没有开口说话之前，好的站姿便代表了她的一切。

比如宋佳，她从不含胸驼背，良好的站姿，让她气质脱俗、落落大方。

再如刘诗诗，娱乐圈公认的气质女神，身穿旗袍，站得端庄大方，气质卓然。

请问：

①你认为一个人有气质主要表现在哪些方面？

②你认为好的体态和自信心有关系吗？

◪ 小知识

面试中的站姿

在陌生的主考官面前坐、立、行都要雅观，给人以有教养、有知识、有礼貌的印象。在面试中，要有意识地控制自己，避免做出平常生活中的一些不雅动作。

站立时身形应当正直，两肩相平，双臂自然下垂于身体两侧，双腿立直，脚跟相靠，两脚尖分开60°，分开的角度太大是不雅观的。

4.1.3 男士站姿

在服务工作中，男士站姿应大方得体。男士站姿的动作要领：双脚并拢或平行开立，大致与肩同宽。全身正直，双肩向后展，抬头挺胸。

服务人员可根据不同的场合采取不同的姿态。

1. 垂手式站姿

双臂自然下垂伸直，双手贴于大腿两侧，正面迎接客人或等候状态可使用此种站姿（见图4－4）。

图4－4　男士垂手式站姿

2. 前腹式站姿

双手放于腹部，左手握住右手的手腕，左手放于右手上，在迎宾时可用此种站姿。

3. 跨立式站姿

双手背于身后，双手在背后腰际相握，左手握住右手手腕，抬头挺胸（见图4－5）。

图4－5　男士跨立式站姿

📍 小知识

从站姿看性格与心理

①背脊挺直、胸部挺起、双目平视的人，往往有充分的自信。

②弯腰驼背的人，往往存在自我防卫、自我闭锁、消沉的倾向，同时，他也可能比较惶惑不安。

③两手叉腰而立，是具有自信心的表现，对将要面临的事物没有充分心理准备时一般不会做出这个动作。

④双腿交叉而立，表示持保留态度或想拒绝又不好拒绝，也可能是感到拘束或缺乏自信心。

⑤将双手插入口袋而立，可能是在暗中策划或盘算。

⑥靠墙壁站立，有这种习惯的多是失意者，通常比较容易接纳别人。

⑦背手站立者是非常自信的人，喜欢把握局势、控制一切。一个人若采用这种姿势站于人前，说明他有居高临下的心理。

✏️ 项目小结

通过标准站姿动作要领的学习，能端正服务人员的仪态，使他们拥有挺拔的身姿，进而能够规范而标准地练习不同站姿，并在不同服务场合运用。学习后，在日常生活中要加强练习，将标准动作记在心中，以便随时都能展现自身良好的形象，从而为服务工作打下良好的基础。

👥 实践体验

1. 任务内容

男女服务人员站姿的练习。

（1）顶书训练

把书本放在头顶，为使书不掉下来，头和身体会自然保持平稳，否则书本将滑落下来。这种训练方法可以纠正低头、仰脸、晃头及左顾右盼的毛病。

（2）背靠背训练（或靠墙训练）

两人一组，背靠背站立，两人的头部、肩部、臀部、小腿、脚跟紧靠，并在两人的肩、小腿的相靠处各放一张卡片，两人不能让卡片滑动或掉下。靠墙训练是指受训者的后脑勺、双肩、臀部、小腿及脚后跟都紧贴墙壁，练习站姿。这种训练方法可使受训者的后脑勺、肩部、臀部、小腿、脚后跟保持在一个水平面上，从而拥有良好仪态。

（3）对镜训练

对着镜子，检查自己的站姿及整体形象，看是否歪头、斜肩、含胸、驼背、弯腿等，发现问题要及时调整。

站姿训练每次应控制在 20～30 分钟，训练时最好配上轻松愉快的音乐。当然，要保持良好的站姿，平时要注意多参加体育锻炼，也要参加正规的形体训练。

2. 评价要求

根据任务完成的情况，在素养评价表（见表 4 - 1）中对各个指标进行评分，每一个指标最高分为 10 分。可以是自评，可以是同学评，也可以是师评。

表 4 - 1　　　　　　　　　　素养评价表

指标	头平展肩	收腹立腰	挺胸抬头	立脖提臀	身姿挺拔	有美感	动作规范
得分							

4.2　服务人员的坐姿

📍 任务内容

达·芬奇曾经说过："从仪态知觉人的内心世界，把握人的本来面目，往往具有相当的准确性和可靠性。"社交场合，不仅要求站有站姿，而且要求坐有坐相。落座时的动作要轻而缓，坐下后要保持上身的正直，不要含胸驼背，给人以懒散的感觉。当与对方坐着谈话时，除了为表示尊重而稍微侧身聆听，还要注意手的摆放。通常可以把双手轻搭在沙发扶手上，但不可以手心朝上；也可以双手相交，放在腿上，但不可相交超过手腕过多；左手掌放在腿上，右手掌放在左手背上，也是很优雅的；两臂弯曲放在桌上也可以。要保持身体的平稳，手脚不宜乱动，半躺半坐、摇腿、跷脚都是不雅观的。无论任何场合，两腿都应自然弯曲并拢，两脚并列或前后稍稍分开，显得大方优雅。切忌将两膝盖向外分开或脚尖朝内、脚跟朝外地坐着。

那服务人员怎样坐才是标准而规范的呢？俗话说："坐如钟。"得体的坐姿，应该是端庄、优雅的。坐姿是一种静态造型，是非常重要的仪态。在日常服务工作中，坐姿会直接影响到服务人员的精气神，因此服务人员要学习好坐姿的动作要领。

⚲ 任务图解

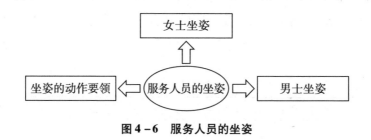

图 4 – 6　服务人员的坐姿

⚲ 夯实知识

4.2.1　坐姿的动作要领

优雅的坐姿能体现服务人员的自身素养，是体现服务人员仪态美的重要展现形式，标准坐姿的动作要领如下（见图 4 – 7）：

①落座时应坐在座位的 2/3 处。如果是凳子，最好坐满凳面，显得沉稳大方；不要只坐 1/3 的凳面，这种坐姿会显得人胆小怯懦。

②挺直上身，头部端正，目视前方。头要正，上身略微前倾，后背要挺

女士标准坐姿　　　　　　男士标准坐姿

图 4 - 7　标准坐姿

直，双肩放松，自然下垂。人坐着的时候是比较放松的，但也要注意挺胸收腹，这样才会显得精力充沛、富有朝气。

③上身与大腿、大腿与小腿，均应当为直角。双手自然相握放在大腿上，有桌子的座位应放在桌面上。

④女士双手应掌心向下，左手与右手交叉叠放于大腿处，男士可双手掌心向下，平放于大腿上。

⑤女士应该特别记住：双腿一定要并拢，千万不能分开。并拢的双腿可以放在正前方，也可以倾斜地放在左边或右边，显得腿长，富有美感。如果坐的时间比较长，可以把一条腿放在另一条腿上（俗称"二郎腿"），但要注意架在上面的那条腿要尽量往里收，不能随意地往外跷着。

⑥男士坐着时千万不要抖动双腿。这种动作的潜台词是"我很心烦""我不喜欢你讲话""我不愿意和你交谈"。不要含着胸、蹋着腰坐着。另外，还要特别注意入座、起座时都要轻柔、沉稳，不要很突然地站起来或坐下。

⑦管住自己的手，无论是站着、坐着，还是在走路，都不要做不雅的小动作，如挖鼻孔、抠耳朵、抓头发等。万一要打呵欠，一定要低下头用手挡住，千万不能张着嘴、昂着头、伸长脖子打呵欠。据说，英国有位王室成员

为了管住自己的手，在人前出现时永远将手放在背后，使得那些想看他出洋相的记者永远找不到镜头。

小案例

小川和小江是同一所学校的毕业生，两人在专业技能上都名列前茅。而当用人单位来学校面试时，两人的结果却大相径庭。小川着装适宜，言谈得体，但是一坐下就会不自觉地跷起二郎腿，还时不时地抖几下腿，给人一种不靠谱的感觉。小江临时接到通知，没有时间打扮自己，在和招聘人员解释后就开始了面试。小江坐下后，双腿微微合拢，双手放在腿上，上身挺拔端正。如此良好的坐姿，给人一种谦逊、严谨的感觉，最终小江赢得了这宝贵的工作机会。

请问：

①是什么让小江赢得了宝贵的工作机会？

②小川为什么没有面试成功呢？

小知识

箕 坐

古人坐姿中最为怠慢不敬的，是将臀部直接坐在地上，然后把两腿岔开向前伸直，样子有些像扫垃圾用的簸箕，所以称为"箕坐"或者"箕踞"，这是非常失礼的行为。因为当时没有今人所穿的裤子，下身所穿的衣裳，有些像今人的裙子。可想而知，在大庭广众之中箕坐有多不雅。即使今天，在公众场合箕坐，也还是很失礼的。

古代文献记载，荆轲刺杀秦王没有成功，反而被团团围住，大势已去，《史记》说他"倚柱而笑"，靠着柱子笑，然后"箕踞以骂"，他自知反正要死，所以不正经地坐着。

4.2.2 女士坐姿

在服务工作中，女性服务人员的坐姿应是得体、优雅、大方的，可根据不同场合采取不同的坐姿。

1. 标准式坐姿

上身挺直，双肩平正，两臂自然弯曲，双脚并拢，小腿垂直于地面成90°，左手与右手上下叠放在大腿上。比较正式的场合就适合用标准式坐姿。

2. 交叉式坐姿

左脚向前伸，右脚后缩，与左脚交叉，两踝关节重叠，脚尖着地。

在需要久坐的情况下，服务人员可在标准式坐姿的基础上变为交叉式坐姿，脚部和腰部会更舒服。

3. 侧点式坐姿

两小腿向左斜出，两膝并拢，上身挺直，右脚跟紧靠左脚内侧，右脚脚跟提起，左脚脚掌内侧着地。此种坐姿能够展现女性腿部线条的柔美。

4. 叠放式坐姿

在标准式坐姿的基础上，两腿向前，一条腿提起，腿窝落在另一条腿的膝关节上边，要注意上边的腿向里收，贴住另一条腿，脚尖向下。此种坐姿在宴会场合适用（见图4-8）。

图4-8　女士叠放式坐姿

🔍 小案例

一个人的坐姿暴露了他的性格，看看你属于哪种？

1. 保持一种坐姿，正襟危坐的人

上身挺直，而且会一直保持这个姿势，给人一种很严谨的感觉。在日常生活中，这种人一般办事情很有效率，对生活也充满了激情，做事非常认真，注重生活中的细节。

2. 往后靠着，习惯性跷二郎腿的人

这种人通常很懒散，往后靠着和跷二郎腿说明他比较目中无人。这种人的自身修养可能不是很高，与人交往的时候也会给人一种不尊重他人的感觉，很容易急躁，遇到事情把控不住情绪。

3. 坐姿随意

这种人态度非常随和，他们对未来的生活充满了向往，有很强的包容心，即便是与人有隔阂也不会放在心上。和他相处起来会很轻松，他会非常在意你的感受。

请问：

①你认为你属于上述哪种？

②你认为坐姿会影响你的工作吗？

🔍 小知识

长者立，幼勿坐；长者坐，命乃坐。

——《弟子规》

4.2.3　男士坐姿

在服务工作中，男性服务人员的坐姿应沉稳大方，可根据不同的场合选择不同的坐姿。

1. 标准式坐姿

上身挺直，双肩正平，两手放在两腿或椅子扶手上，小腿垂直落于地面，两脚自然平行分开。在比较正式的场合可使用此种坐姿。

2. 交叉式坐姿

右脚向前伸，左脚后缩，双脚交叉，两踝关节重叠（见图4-9）。

图4-9　男士交叉式坐姿

3. 前后式坐姿

在标准式坐姿基础上，右脚往前伸，左脚往后退，形成前后式坐姿，此种坐姿可与交叉式坐姿交替使用（见图4-10）。

图4-10　男士前后式坐姿

小案例

餐厅就餐时的坐姿

最得体的入座方式是从左侧入座。就座后，坐姿应端正，上身可以轻靠椅背。不要用手托腮或把两臂放在桌上，不要频频离席或挪动座椅。

提问：

①就餐时的坐姿和平时的坐姿有什么不同之处？

②两两一组进行就餐时的坐姿的练习。

小知识

入座和离座

一、入座

1. 注意顺序

若与他人一起入座，则入座时一定要讲究先后顺序，礼让尊长。入座时合乎礼仪的顺序有两种：一是尊长优先，即请位尊之人先入座。二是同时就座，它适用于平辈之间。抢先就座是失礼的表现。

2. 讲究方位

不论是从何方向走向座位，通常都讲究从左侧入座，并从左侧离开座位，即"左进左出"，在正式场合一定要遵守。

3. 落座无声

入座时，切勿争抢。在就座的过程中，不管是走向座位还是坐下，都不应发出声响。不慌不忙，不声不响，是有教养的体现。调整坐姿，同样也不宜出声。

4. 入座方法

就座时，站立于座位前约10cm的距离，右脚后移半步，待膝盖后侧接触座位边缘后，再轻轻坐下。着裙装的女士入座，通常应先用双手拢平裙摆，再轻缓地坐下。

二、离座

1. 事先说明

离开座椅时，身边如果有人，应该用语言或动作向对方先示意，随后再起身。

2. 注意先后

和别人同时离座，要注意起身的先后次序。地位较低的，应该稍后离座；地位较高的，可以先离座；双方身份相似时，可以同时起身离座。

3. 起身缓慢

起身离座时，最好动作轻缓，不要弄响座椅，或将椅垫、椅罩蹬掉。

4. 从左离开

起身后，应该从左侧离座。

✏ 项目小结

通过标准坐姿动作要领的学习，提升服务人员的仪态素养，使其拥有得体大方的坐姿。服务人员应规范而标准地进行练习，做到能在不同服务场合灵活应用。应将标准的动作要领铭记心中，以便随时都能展现自身良好形象，从而为服务工作打下良好的基础。

👥 实践体验

1. 任务内容

服务人员坐姿练习。

2. 任务要求

①从椅子左后方向前走，至椅子前约 10cm 处站立。

②向后撤右脚，右腿膝盖后侧轻触椅子边。

③身体挺直，头正，目视前方，轻轻落座。

④右腿向前收回，与左腿平行放好。

⑤女士双手叠放于腿上，男士双手平放于腿上。

⑥离座时，将右腿向后撤一步，身体保持正直，起身站立，向前收回右脚，站定后离开。

⑦练习女士 4 种坐姿，练习男士 3 种坐姿

3. 训练环境

坐姿训练最好是在形体训练房进行，坐在镜子前，对着镜子检查自己的坐姿。也可以在教室或宿舍内进行，同学之间互相指导纠正。

4. 训练时间

每次可在 20～30 分钟，训练时最好配上音乐，以减轻疲劳。

5. 评价要求

根据任务完成的情况，在坐姿素养评价表（见表 4 - 2）中对各个指标进行评分，每一个指标最高分 10 分。可以是自评，可以是同学评，也可以是师评。

表 4 - 2　　　　　　　　　　　坐姿素养评价表

指标	面带微笑	头平身正	收腹立腰	抬头挺胸	身姿挺拔	大方得体	坐姿标准
得分							

4.3　服务人员的走姿

任务内容

走路的姿势能反映出一个人的个性、情绪和修养。稳重的步伐给人以沉着、冷静的感觉；矫健的步伐给人以健康、有活力的感觉；而那些走路摇头晃脑的人，就会给人留下轻佻懒散的印象。一般来说，男士与女士的步态应该有所区别。男士的步伐应矫健有力、豪迈稳重、刚毅洒脱；女士的步伐应轻盈而优雅。因此，男士的步态应是：昂首闭口，平视前方，挺胸收腹，走路时上身不动、两肩不摇。女性的步态则应是：头部端正，不宜抬得太高，目光平和，上身自然挺直，步伐匀称自信。无论男女，走路时均不可将手插

在衣服口袋里，也不要左顾右盼、回头张望，更不要盯着别人乱打量，或是边走路边对别人评头论足。脚步既不可过于沉重，也不要拖泥带水。

任务图解

图 4 - 11　服务人员的走姿

夯实知识

4.3.1　走姿的动作要领及禁忌

一、走姿的动作要领

标准的走姿要以端正的站姿为基础。要求行走时上身挺直，双肩平稳，目光平视，下颌微收，面带微笑；手臂自然垂下，手指自然弯曲，摆动时，以肩关节为轴，上臂带动前臂，向前、后自然摆动，以前摆 35°、后摆 30° 为宜，肘关节略弯曲，前臂不要向上甩动；上体稍向前倾，提髋屈大腿带动小腿向前迈。行走时，应保持膝关节和脚尖正对前进的方向，然后脚尖略抬，脚跟先接触地面，依靠后腿将身体重心推送到前脚脚掌，使身体前移；行走线迹要成为"一条线"或"两条平行线"，步幅一般是前脚的脚跟与后脚尖相距为一个脚长；步高（指行走时脚抬起的高度）不宜过高，也不宜过低；每分钟走的步数为 60 ~ 100 步。大方而得体的走姿，是体现服务人员自身素养的重要方面，是服务人员仪态美的重要外在体现，标准走姿的动作要领如下：

①头正肩平：双目平视，收颌，表情自然平和；两肩平稳，双臂前后自然摆动，上身挺直，收腹立腰，重心稍前倾。

②步位直：女士穿着裤装时两脚内侧在一条直线上；穿着裙装时两脚脚后跟在一条直线上。男士走路时两脚内侧相距约 5cm，脚尖可稍向外。

③步幅适当：行走中两脚前后的距离大约为脚长，即前脚的脚跟与后脚

的脚尖相距一只脚的长度,不过性别、身高、着装不同,步幅也会有差异。

④步速平稳:行进的速度应当均匀平稳,不要忽快忽慢,在正常情况下,步速自然舒缓才显得成熟、自信。

⑤注意矫正不良的走姿:走路最忌内八字步和外八字步,其次忌弯腰驼背。走路时不要大甩手,不要扭腰摆臀,不要大摇大摆,也不要左顾右盼;双腿不要过于弯曲;步子不要太大或太小;不要走路不抬脚、双手插在裤兜。

⑥男士在工作场合,走路应挺起胸膛,显得充满朝气,大步向前走;双脚落地平稳而有力,不拖泥带水;双臂自然摆动,要有镇定自若的气度(见图4-12)。

图4-12 男士标准走姿

⑦女士走路时要步态轻盈,给人以婀娜多姿的美感。不可来回摇晃,浑身扭动。女士行走时要抬头、挺胸、收腹,上身保持正直;双臂自然下垂,协调地前后摆动于身体两侧;脚尖指向正前方,提髋、膝,迈小腿,脚跟落地;步幅要均匀,频率要适中,落脚的声音不可太大(见图4-13)。另外,女士行走的姿势应根据着装的特点有所改变:穿旗袍(以曲线条为主)时,要走成一条直线,步幅不宜大,以免旗袍开衩过大,暴露太多,显得不雅。其动作要领:两脚跟前后在一条线上,脚尖略外开;两手臂在体侧自然摆动,幅度也不宜过大;髋部要随着脚步和身体重心的转移,稍左右摆动,使旗袍

的下摆随着脚的动作摆动。当穿裤装（以直线条为主）时，宜走成两条平行线。其动作要领：保持后背平正，两腿立直；走路的步幅可略大些，手臂放松摆动；不要左右晃肩，扭动髋部。

图 4 - 13　女士标准走姿

二、走姿禁忌

常见的走姿禁忌，主要有以下 9 项：

①低头看脚尖：会给人以心事重重、萎靡不振的感觉。

②走路不抬脚：显得暮气沉沉。

③跳着走：易被认为心浮气躁。

④走路内八字或外八字。

⑤摇头晃脑，左顾右盼。

⑥走路时大半个身子前倾：动作不雅，有损健康。

⑦走路时与其他人相距过近：易与他人发生身体碰撞。

⑧走路速度过快或过慢。

⑨边走路，边吃喝，十分不雅。

三、变向走姿的种类

变向走姿是指在行走中，需转身改变方向时，采用合理的方法，使步态规范而优美。

1. 后退步

与人告别时，应当先后退两三步，再转身离去，退步时脚轻擦地面，步幅要小，先转身后转头。

2. 引导步

引导步是用于走在前边给宾客带路的步态。引导时要尽可能走在宾客左前方，保持两步的距离，身体半转向宾客，遇到上下楼梯、拐弯、进门时，要伸出左手示意，并提示请客人上楼、进门等。

3. 前行转身步

前方要拐弯时，要在距所转方向远侧的一处，以一只脚掌为轴，转过全身，然后迈出另一只脚。向左拐，要右脚在前时转身；向右拐，要左脚在前时转身。

小案例

7 种不好看的走姿

①脚步拖泥带水，蹭着地走。

②肚子腆起，身体后仰。

③走路脚尖外八字或内八字。

④耷拉着眼皮或低着头走。

⑤双手左右横着摆动。

⑥手臂、腿部僵直或身子僵硬。

⑦脚迈的步子太大，身子上下晃动。

想一想：

你在平时是否出现过这样不好看的走姿呢？

小知识

穿不同鞋子的走姿

1. 穿平底鞋的走姿

穿平底鞋走路比较自然、随便，应脚跟先落地，步幅均匀，走起路来显得轻松、大方。由于穿平底鞋不受拘束，往往容易过分随意，步幅时大时小，速度时快时慢，因而很容易给人留下懈怠的印象，应当注意。

2. 穿高跟鞋的走姿

由于穿上高跟鞋后，脚跟提高，身体重心自然前移，为了保持身体平衡，膝关节要绷直，胸部自然挺起，并且收腹、提臀、直腰，穿高跟鞋使走姿更挺拔。穿高跟鞋走路，步幅要小，脚跟先着地，两脚脚跟要落在一条直线上，像一枝柳条上的柳叶一样，这就是所谓的"柳叶步"。

4.3.2 不同场景的走姿

场景1：陪同引导走姿

在陪同引导对方时，应注意方位、速度、距离及体位等方面（见图4－14）。

图4－14 陪同引导走姿

①双方并排行走时，陪同引导人员应居于左侧。

②双方单列行走时，要居于被陪同人员左前方约一米的位置。

③当被陪同人员不熟悉行进方向时，陪同人员应该走在前面、走在外侧。

④陪同人员行走的速度要和被陪同人员相协调，不可以走得太快或太慢，要处处以对方为中心，每当经过拐角、楼梯或道路坎坷、照明欠佳的地方，都要提醒对方留意。

⑤配合一些身体动作，如请对方先走时，要面向对方，稍微欠身；在行走中和对方交谈或答复提问时，头和上身应转向对方。

场景 2：上下楼梯走姿（见图 4 – 15）

①上下楼梯均应靠右单列行走，不应多人并排行走，左侧是留给有急事的人通过的。

②上下楼梯时，要注意姿势和速度，与前人保持一定距离。

③为人带路上下楼梯时，应走在前面。

④上下楼梯时，不应停下交谈，更不应站在楼梯上或楼梯转角处，以免妨碍他人通过。

⑤引导客人上下楼梯时，应让客人走在扶手一侧。

⑥如与尊长、客人上下楼梯，出于安全的考虑，上楼时应走在尊长、客人的后边。下楼时走尊长、客人的前边。

场景 3：出入房门走姿（见图 4 – 15）

图 4 – 15　出入房门走姿

进入或离开房间时，要求：

1. 先通报

在进入房门前，一定要轻轻叩门或按铃，向房内的人进行通报。贸然出现是十分冒失无礼的。

2. 以手开关门

出入房门，务必要用手来开门或关门。开关房门时，最好是反手关门、反手开门，始终面向对方。用肘部顶、用膝盖拱、用臀部撞、用脚尖踢等方式开关门都是不好的做法。

3. 后入后出

和别人一起先后出入房门时，为了表示礼貌，应当自己后进门、后出门，而请对方先进门、先出门。

4. 出入拉门

平时，特别是陪同引导别人时，还有义务在出入房门时替对方拉门或是推门。在拉门或推门后要使自己处于门后或门边，以方便别人的进出。

小案例

各种场合的步态

①走进会场、走向话筒、迎向宾客，步伐要稳健、大方。

②进入办公场所或登门拜访别人，在室内脚步应轻而稳。

③办事联络，步伐要快而稳，以显得干练。

④参观展览、探望病人，脚步应轻而柔，不要出声响。

⑤参加喜庆活动，步态应轻盈、欢快。

⑥参加吊丧活动，步态要缓慢、沉重。

请问：

①你认为步态重要吗？

②设定不同场合，进行分小组练习。

小知识

古人行走姿势

"行"和"走"，这两个字在古代的意思是不同的。"行"是一个比较笼统的说法，凡是两只脚在地上迈动、前进，都可以叫"行"，相当于今人说的"走"。但是，如果细加区分，"行"可以分为两种情况：一种是走得比较慢；

另一种是走得比较快。慢慢地行走叫作"步",相当于今人讲的"散步",比较放松、节奏比较慢。另一种是小步快行,古人称之为"趋",相当于今人说的小跑,由于走得比较快,所以步子较小。今人说的"跑",古人叫作"走","走"比"趋"的速度还要快。但是,古人说的"走",还不是今人说的"赛跑"的那种跑,它不过是比"趋"更快的一种小跑。"赛跑"的那种跑,古代叫作"奔"。在礼仪场合下,"奔"通常不用,用得比较多的是"趋"。在日常生活里,如果有人慢腾腾地、大摇大摆地从别人面前走过,是无视对方存在的表现。此外,师长有事召唤晚辈,被召唤者不紧不慢地过来,也是漫不经心的表现,都是非常失礼的。

礼是要表达内心情感的。师长或者朋友召唤,一定是有事需要帮助、询问,或者是有所教导,如果对此很在意、很上心,就一定会快步前往,因为行为是受内心支配的。在路上遇到老师,应该主动地快步到老师跟前打招呼,看老师是否有所指教,这是尊师的表现。除了步、趋、走、奔之外,古人在庄重场合还有一种行走姿势叫"翔"。古人的衣袖宽大,长度与宽度几乎相等,大体呈正方形。古代穿着这种正式的衣服上朝的时候,双手作合抱之状,两肘外展,拱手于胸前,所以衣袖是垂着的,徐徐朝前走的时候,两袖迎风飘动,好像鸟在飞翔的样子,故名"翔"。

✏ 项目小结

通过行走动作要领的学习,提升服务人员的仪态素养,使其能够按照礼仪要求行走,同时能够将规范的走姿应用到不同的服务场合。学习后应在日常生活中加强练习,将动作要领铭记心中,以便随时都能展现自身良好的形象,从而为现代服务工作打下良好的基础。

👥 实践体验

1. 任务内容

服务人员走姿的练习。

2. 任务要求

（1）走姿训练（A）

进行前行步、后退步、侧行步、前行左右转身步、后退左右转身步及后退向后转身步的动作练习。其动作规范要求如下：

①前行步·向前走时，练习向来宾或同事问候的动作：头和上半身向左或右转动，面带微笑，点头致意，并配以恰当的问候话语。

②后退步：与他人告别时，应该是先用后退步，再转身离去。一般以退二至三步为宜。退步时，脚轻擦地面，步幅小，协调地往后退；转身时，要身先转，头后转。

③侧行步：一般用于引导来宾或在较窄的走廊与人相遇时避让。引导来宾时要尽量走在宾客的左前方，左髋部朝着前行的方向，上身稍向右转体，左肩稍前，右肩稍后，侧身向着来宾。在较窄的路面与人相遇时，要将胸转向对方，以示礼貌。

④前行左右转身步：在进行中，当要向左（右）转身时，要在右（左）脚迈步落地时，以右（左）脚掌为轴心，向左（右）转体90°，同时迈左（右）脚。

⑤后退左右转身步：当后退向左（右）转体走时，以左脚先退为例，要在退两步或四步时，以右（左）脚掌为轴心时，向左（右）转身90°，再迈出左（右）脚，继续往前走。

⑥后退向后转身步：当后退向后转身时，以左脚先退为例，要在退一步或三步时，以左脚为轴，向右转体180°，同时右脚后撤移重心，再迈出左脚。

以上的走姿训练，都要做到先转身、后转头，再配合一些"体态语"及礼貌用语，使整体动作协调美观。

（2）走姿训练（B）

训练时，一定要掌握要领，严格按步骤训练，如此才会收到较好效果。

①双肩双臂摆动训练：身体直立，以身体为柱，双臂前后自然摆

动，注意摆幅适度。此训练用于纠正双肩过于僵硬、双臂左右摆动的毛病。

②步位、步幅训练：在地上画一条直线，行走时检查自己的步位和步幅是否正确。此训练用于纠正外八字、内八字及步幅过大、过小的毛病。

③顶书训练：将书本置于头顶，保持行走时头正、颈直、目不斜视。此训练用于纠正走路时摇头晃脑、东瞧西望的毛病。

④综合训练：训练行走时各种动作的协调性，最好配上节奏感较强的音乐，注意掌握好走路时的速度、节奏。保持身体平衡、双臂自然摆动，使整体动作协调。

3. 评价要求

根据任务完成的情况，在素养评价表（见表 4 - 3）中对各个指标进行评分，每一个指标最高分 10 分。可以是自评，可以是同学评，也可以是师评。

表 4 - 3　　　　　　　　　　　　**素养评价表**

指标	头平展肩	收腹立腰	挺胸抬头	立脖提臀	身姿挺拔	精气神	走姿优雅
得分							

4.4　服务人员的蹲姿

📍 任务内容

在日常生活中，人们捡拾地上东西或拿起低处的物品时，习惯姿势是弯腰、撅臀，这种姿势是不合适的。恰当地采用蹲姿，会给人留下一个好印象。蹲姿不像站姿、走姿、坐姿那样使用频繁，因而往往被人忽视。服务人员应练习好如何下蹲，以大方得体的姿态为客户进行服务。

📍 **任务图解**

图 4 - 16 服务人员的蹲姿

📍 **夯实知识**

4.4.1 蹲姿的动作要领

大方而得体的蹲姿，能体现服务人员的素养，也是仪态美的重要方面。标准蹲姿的动作要领如下：

①下蹲拾物时，应自然、得体、大方，不遮遮掩掩。

②下蹲时，两腿合力支撑身体，避免滑倒。

③下蹲时，应使头、胸、膝关节在一条直线上，使蹲姿优雅。

④女士蹲下时要将腿靠紧，臀部向下。

📍 **小案例**

奥运会礼仪人员的蹲姿

奥运会对礼仪人员的训练是非常严格的，因为他们的一举一动代表了国家的形象，训练内容不仅有站姿、坐姿，还有容易被忽视的蹲姿。蹲姿的训练是最累的，蹲下后要挺直腰板保持仪态，一个小时下来，礼仪人员的腿又酸又痛，都无法一下子站起来。但也是因为严格的训练，礼仪人员才得以在奥运会上展现中国人的精气神，成为中国的形象代言人。

请问：

①在日常社交场合中，何种情况下会用到蹲姿呢？

②你的蹲姿是怎样的？还有哪些地方是需要改进的？

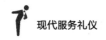

世界上最廉价、而且能得到最大收益的一项物质，就是礼节。

——拿破仑·希尔

4.4.2 蹲姿的类型及禁忌

（一）蹲姿的类型

1. 交叉式蹲姿

在实际生活中常常会用到蹲姿，如集体合影前排需要蹲下时，女士可采用交叉式蹲姿，下蹲时右脚在前，全脚着地；左脚在后，脚跟抬起。左大腿由后面伸向右侧，两腿靠紧，合力支撑身体。臀部向下，上身稍前倾（见图4-17）。

图4-17 女士交叉式蹲姿

2. 高低式蹲姿

下蹲时左脚在前，右脚在后下蹲。男士左脚全脚着地，小腿基本垂直于地面，右脚脚跟提起，脚掌着地。女士右膝低于左膝，右膝内侧靠于左小腿内侧，形成左膝高右膝低的姿态，臀部向下，基本上以右腿支撑身体（见图4-18）。

图 4 - 18　男、女士高低式蹲姿

3. 半蹲式蹲姿

半蹲式蹲姿的基本特征是身体半立半蹲，其要求是：在下蹲时，上身稍许弯下；臀部向下而不是撅起；双膝略微弯曲，其角度根据需要可大可小，但一般均应为钝角；身体的重心应放在一条腿上。

4. 半跪式蹲姿

半跪式蹲姿又叫单跪式蹲姿。此蹲姿适合男士，它是一种非正式蹲姿，下蹲时间较长，或为了用力方便会采取这个姿势。它的特征是双腿一蹲一跪，其要求是：下蹲之后，一条腿单膝点地，臀部坐在脚跟上，脚尖着地；另外一条腿则全脚着地，小腿垂直于地面；双膝应同时向外，双腿应尽力靠拢。

5. 低处取物

若用右手取物，可以先走到物品的左边，右脚向后退半步后再半蹲下来，脊背保持挺直。女士则应将两腿并紧，穿旗袍或短裙时需更加留意，以防走光。

（二）蹲姿禁忌

1. 弯腰捡物品时，两腿岔开，臀部向后撅起，是不雅观的。

2. 下蹲时不注意背后的上衣，露出腰部皮肤和内衣，很不雅观。

3. 双腿敞开而蹲，这是最不得体的动作。

4. 面对他人或背对着他人而蹲。下蹲在社交场合是不得已的动作，应该避开他人的视线。

📍 小案例

蹲姿的注意事项

①不要突然下蹲。蹲下来的时候，不要速度过快。

②不要离人太近。在下蹲时，应和身边的人保持一定的距离。和他人同时下蹲时，更应该注意双方的距离，以防彼此相撞或发生其他的误会。

③注意侧身下蹲。在他人身边下蹲时，最好是和别人侧身相向。面对他人或者背对他人下蹲，通常都是不礼貌的。

④大庭广众之下，尤其是身着裙装的女士，一定要避免在毫无遮掩的情况下下蹲。

⑤不要在公共场合蹲在凳子或椅子上。有些地方，有蹲在凳子或椅子上的生活习惯，但是在公共场合这么做的话，是很不雅观的。

📍 小知识

爱人者人恒爱之，敬人者人恒敬之。——孟子

✏️ 项目小结

蹲姿动作要领及禁忌的学习，能提升服务人员的仪态素养，使其能够规范而标准地下蹲，并将规范的蹲姿应用于不同服务场合。学习后应在日常生活中加强练习，将蹲姿的动作要领铭记心中，以便随时展现良好形象，从而为服务工作打下良好的基础。

👥 实践体验

1. 任务内容

服务人员蹲姿练习。

2. 任务要求

①练习几种不同的蹲姿。

②练习下蹲低处取物。注意：走到物品的左侧（右侧），靠近物品侧的腿向后撤。

3. 评价要求

根据任务完成的情况，在素养评价表（见表4-4）中对各个指标进行评分，每一个指标最高分10分。可以是自评，可以是同学评，也可以是师评。

表4-4　　　　　　　　　　　　　素养评价表

指标	头平展肩	收腹立腰	挺胸抬头	立脖提臀	身姿挺拔	动作熟练	蹲姿得体
得分							

4.5　服务人员的微笑

🔘 任务内容

见人微笑是一种礼貌。服务人员应时刻铭记"顾客就是上帝"，对顾客的服务，要从微笑开始。在服务过程中，微笑能让顾客感受到善意、尊重和友好，微笑能帮助服务人员与顾客建立友好的沟通桥梁。因此，服务人员应练习好微笑，在顾客面前展现亲切的微笑。

🔘 任务图解

图4-19　服务人员的微笑

🔘 夯实知识

4.5.1　微笑的作用

1. 微笑给人以良好的第一印象

第一印象又称首因效应、首次效应或优先效应，是指人们第一次与某物或某人接触时会留下深刻的印象。在相互认识的最初的几十秒里，我们能做什么呢？最重要的也是最简单的就是微笑。

2. 微笑促使人际交往顺利进行

对别人微笑，其实就是在传递一种积极的信号，意味着你对他表示"我很高兴认识你"，对方就会愿意和你接近。微笑能有效地缩短沟通双方的距离，互相留下良好的印象，从而形成融洽的交往氛围。微笑是人际交往中的润滑剂，在任何情况下，都能用微笑来感化对方，用微笑体现自己良好的素养。

3. 微笑可以有效地化解矛盾

微笑可以化解许多矛盾。俗话说："伸手不打笑脸人。"人际交往难免产生矛盾，微笑具有化干戈为玉帛的作用。

4.5.2 微笑的标准

1. 微笑是多部位协调的动作表情

笑是眉、眼、口等共同完成的动作，需要额肌、枕肌、眼轮匝肌、口轮匝肌、提上唇肌、提口角肌、颧肌、降上唇肌、降口角肌、颊肌等的配合。发自内心的微笑，会自然调动人的五官：眼睛略眯起、有神，眉毛上扬并稍弯，嘴角上翘（见图 4-20）。有一种训练微笑的方法就是将眼睛以下的部分挡住，然后微笑，要求从眼中要看出笑意，这就是所谓的"眼中含笑"。

微笑作为一种表情，还要与其他肢体动作相结合，代替言语进行沟通。

图 4-20　标准微笑

如在接待众多的宾客时，如果一边微笑一边点头示意或者招手，可以表达"欢迎"的意思；在交往中，当意见分歧时，一边微笑一边摇头，则表示委婉拒绝，可以缓解紧张气氛，不至于使人过于难堪。

2. 把握微笑的时机

展现笑容的时机至关重要。一般而言，在与交往对象目光接触的瞬间就应展现微笑，以表达友好。与人对视很长时间却面无表情，则会传达出厌恶、敌视的情感。

3. 微笑要适时、适地、适度

微笑是人际交往中最基本的礼仪，但是在某些时候，微笑却是不合时宜的。在严肃庄重、悲痛伤感的场合，不应该露笑，表情应该与周围环境、气氛相匹配。礼仪是对自己和他人、对社会生活中的人际关系、对周围环境和气氛的一种尊重，作出适当的反应，才是有礼貌的表现。反之，则会引起周围人的反感和不快，或者引起误会。

4. 注意微笑维持的时长

微笑的最佳时长以不超过 3 秒为宜，时间过长会给人以假笑或不礼貌的感觉。注意微笑时要自然，切忌突然开始笑或突然收起笑容。

5. 微笑是内心情绪的自然流露

面对服务对象，服务人员应内心愉悦，这样自然会有得体的微笑。微笑的前提是保持良好的情绪，这样才能有良好的服务态度。在服务工作中应该用包容的心对待顾客，只有调整好自己的心态才能够展露亲切的微笑。

📍 小案例

微笑服务

希尔顿酒店的生意一向兴隆，秘诀就在于企业管理者一向要求全体员工提供微笑服务。希尔顿总公司董事长唐纳·希尔顿曾说："酒店一流的设备重要，而一流的微笑更为重要。"几十年里，他不断地到设在世界各国的希尔顿酒店视察，视察中他经常问下属的一句话是："你今天对客人微笑了吗？"在现代社会，行业之间竞争愈发激烈，消费者对于维护自身权益和被尊重的需求日益增长，"微笑服务"就显得尤为重要。

✏ 项目小结

微笑的作用和标准的学习，能提高服务人员的素质。服务人员在学习后应在日常生活中加强练习，将保持微笑铭记心中，从而提高服务工作质量。

👥 实践体验

1. 任务内容

服务人员微笑练习。

2. 任务要求

①准备一面镜子，对镜观察自己的表情。

②用一张纸挡住半张脸，只留眼睛并微笑，练习"眼中含笑"。

③拿一根筷子用牙咬住，微笑时恰好露出 6 ~ 8 颗牙齿。

④对着手机自拍一张，看看微笑是否标准。

3. 评价要求

根据任务完成的情况，在素养评价表（见表 4 - 5）中对各个指标进行评分，每一个指标最高分 10 分。可以是自评，可以是同学评，也可以是师评。

表 4 - 5　　　　　　　　　　　　素养评价表

指标	三米六齿	笑容亲切	笑容真诚	笑容自然	笑容舒服	动作熟练	大方得体
得分							

4.6　服务人员的手势

📍 任务内容

手是一个非常灵活的部位，而手势是体态语言的重要组成部分，如果能恰到好处地发挥手势的作用，将会大大提高服务质量，从而树立良好的服务形象。手势能通过手和手指的动作来传情达意，不同的手势传递不同的信息，能够表达人们丰富的内心活动和对待他人的不同态度，所以手势动作的选择是有讲究的，如使用不当，就很容易让顾客产生误解，感到不愉快。规范的手势能体现现代服务人员较高的服务水平，因此，服务人员应多加练习，以得体的手势为顾客提供服务。

任务图解

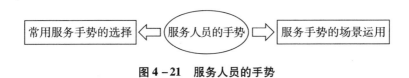

图 4 - 21　服务人员的手势

夯实知识

4.6.1　常用服务手势的选择

手势是传情达意的重要手段和工具。服务人员要善于观察，根据对方的手部动作，决定自己如何提供服务。例如，双手自然摊开，表明对方心情轻松，坦诚而无顾忌；紧攥双拳，说明对方怒不可遏或准备"决战到底"；以手支头，表明对方要么全神贯注，要么十分厌烦；迅速用手捂嘴，表明对方觉得吃惊；用手托住下颌，是对方沉思与谋算的表现；用手挠后脑、抓耳垂，表明对方有些羞涩或不知所措；手无目的地乱动，说明对方很紧张，情绪难控；不自觉地摸嘴巴、擦眼睛，表明对方十有八九没说实话；双手相搓，如果不是很冷，就表明对方怀有一种期待；咬手指或指甲，如果对方不是幼儿，就表明他在心理上不是很成熟，涉世不深；双手指尖相对，置于胸前或下巴，是自信的表现；与你说话时，双手插于口袋，则表示对方没把你放在眼里或不信任你。

一、常见手势

（一）垂放手势

垂放的做法有二：一是双手自然下垂，掌心向内，叠放或相握于腹前；

二是双手伸直下垂，掌心向内，分别贴放于大腿两侧。

（二）背手手势

背手，多见于站立、行走时，其做法是双臂放到身后，双手相握，同时昂首挺胸。

（三）持物手势

持物，即用手拿东西。其做法多样，既可用一只手，又可用双手。手持物品时应注意以下几点：

1. 稳妥

持物时，可根据其具体重量、形状及易碎与否，采取不同的手势。最重要的是确保物品的安全，尽量轻拿轻放，同时也要防止伤人或是伤己。

2. 卫生

持物时，还要注意卫生问题。敬茶、斟酒、上菜时，千万不要把手指伸进去。

3. 自然

持物时，可依据实际需要，选择不同手势。拿东西时动作应自然，不要翘起无名指与小指，以免给人做作的感觉。

（四）鼓掌

鼓掌，是用以表示欢迎、祝贺、支持的一种手势，多用于会议、比赛或迎宾时。其做法是：右手掌心向下，有节奏地拍击掌心向上的左手。必要时，应起身站立，但是，不应以此表示反对、讽刺、驱赶之意，即不允许"鼓倒掌"。

（五）伸大拇指

这种手势主要用以表扬他人。其做法是伸出右手，跷起拇指，指尖向上，指腹面向被称道者。但在交谈时，不应将右手拇指向下，因为这意味着对他人的藐视。以之自指鼻尖，也有骄傲自大、不可一世之意。

二、指示手势

1. 横摆式

在表示"请进""请"时常用横摆式。做法是，五指并拢，手掌自然伸直，手心侧向上，肘微弯曲，腕低于肘。手应从腹部之前抬起，以肘为轴轻缓地向一旁摆出到腰部，与身体正面成45°时停止。头部和上身微向伸出手的一侧倾斜，另一手下垂或背在背后，目视宾客，面带微笑，表现出对宾客的尊重与欢迎。

2. 前摆式

如果右手拿着东西或扶着门，当要向宾客做"请"的手势时，可以用前摆式，五指并拢，手掌伸直，身体一侧由下向上抬起，以肩关节为轴，手臂稍曲，到腰的高度再由身前右方摆去，摆到距身体15cm且不超过躯干的位置时停止。目视来宾，面带笑容，也可双手前摆。

3. 双臂横摆式

当来宾较多时，表示"请"的动作要大一些，采用双臂横摆式。两臂从身体两侧向前上方抬起，两肘微曲，向两侧摆出。指向前进方向一侧的臂应抬高一些，伸直一些，两手稍低一些，弯曲一些。双臂也可以向一个方向摆出。

4. 斜摆式

请客人落座时，手应摆向客人坐的地方。手要从身体的一侧抬起，到高于腰部后，再向下摆去，使大小臂成一斜线。

5. 直臂式

需要给宾客指方向时，采用直臂式，手指并拢，掌伸直，屈肘，手从身前抬起，向要指引的方向摆去，摆到肩的高度时停止，肘关节基本伸直。注意指引方向，不可用一根手指指方向，显得不礼貌。

三、手势在各个地区不同的含义

下面介绍几种常见手势在不同国家、地区的不同含义。

1. "OK"手势

拇指和食指合成一个圈，其余三个指头伸直或略屈。在中国、美国、英国表示"OK"，即"赞同"的意思；在法国，表示"零"或"没有"；在泰国表示"没问题""请便"；在日本表示"金钱"；在印度表示"正确""不错"；在突尼斯表示"傻瓜"；在巴西是一种极具侮辱性的手势。

2. "V"形手势

食指和中指上伸成"V"形，拇指弯曲压于无名指和小指上，这个动作在世界上大多数地方表示数字"2"。英美文化中，也用它表示"Victory"（胜利）。不过，表示胜利时，手掌一定要向外，如果手掌向内，就是贬低人、侮辱人的意思了。在希腊，做这一手势时，即使手心向外，如手臂伸直，也有对人不恭之嫌。

3. 伸食指的手势

左手或右手握拳，伸直食指，在世界上多数国家表示数字一；在法国则表示"请求提问"；在新加坡表示"最重要"；在澳大利亚表示"请再来一杯啤酒"。

4. 伸大拇指的手势

在我国，右手或左手握拳，伸出大拇指，表示"好""了不起"，有赞赏、夸奖之意；在意大利，在伸出手指数数时表示数字"1"；在希腊，拇指上伸表示"够了"，拇指下伸表示"厌恶""坏蛋"；在美国、英国和澳大利亚等国家，拇指上伸表示"好""行""不错"，拇指左、右伸则大多是向司机示意搭车方向。

四、注意事项

手势是人的"第二面孔"，具有多种表达功能。服务人员要想提供服务，必须准确判读由各种手势传达出的各种信息。此外，服务人员自己在使用手势时，有些地方是值得特别注意的。例如，当需要伸出手为他人指引方向时，切忌只伸一根指头，这是一种没教养的表现，一定要将五指自然伸直、掌心向上来指示方向。在社交场合，更不要与他人说话时用手指指点点，这是不礼貌的。又比如，打响指是一些人在兴奋时的习惯动作，对于服务人员来说，如有这种习惯也最好改掉。

📍 小案例

手部动作增强记忆力

在英国有人曾进行过一项研究。实验中，志愿者们会听到一些耳熟能详的卡通角色的故事，如兔子罗杰，小鸟翠迪等。虽然这些故事的内容相同，但是讲述的方法却略有不同，有的陈述者会在讲故事的同时配以简单生动的动作来表现故事场景。例如，用手的快速摆动来演示跑步的动作，用手拨弄头发来表示吹风机，以及用张开的手臂来模仿肥胖的歌手。而有的陈述者却没有做任何动作。十分钟后，研究人员发现，讲述者如果在讲故事的过程中配合有手部动作，听众对于故事细节的掌握程度会更高。由此证实了手部动作能够显著增强我们对于某件事情的记忆力。

小知识

手势的注意事项

1. 易误解的手势

如："OK"手势在不同国家和地区表示不同含义，不了解的人就很容易造成误会。

2. 不卫生的手势

在他人面前搔头皮、掏耳朵、抠鼻孔、剔牙齿、抓痒等动作，均极不卫生且令人反感，自然是不当之举。

3. 欠稳重的手势

食指一般不指向别人，但是可以指自己，不过中国人提到自己的时候习惯指自己的鼻子，而西方人习惯指自己的胸口。注意，不要用食指指向别人，这是非常不礼貌的。

4.6.2　服务手势的场景运用

一、递接物品

递物与接物是服务人员的常用动作，递接物品的原则是尊重他人。

1. 双手为宜

双手递接物品是最好的选择。不方便双手并用时，也要用右手。以左手递物、接物，通常被视为失礼之举。

2. 递于手中

递给他人的物品，以直接交到对方手中为宜。不到万不得已，最好不要将所递的物品放在别处等他人去取。

3. 主动上前

若双方相距过远，递物者应当主动走近接物者。假如自己坐着的话，还应尽量在递物时起身站立。

4. 方便接拿

在递物时，应为对方留出便于接取物品的地方，不要让其感到接物时无从下手。将带有文字的物品递交他人时，还须使之正面向上。

5. 尖、刃向内

将带尖、带刃或其他易伤人的物品递于他人时，切勿以尖、刃直指对方，应当使其朝向自己，或是朝向他处。

二、展示物品

在客人面前展示物品时，有两点需要注意。

1. 便于观看

展示物品时一定要方便对方查看。因此，一定要将被展示之物正面面向对方，并举至一定的高度；当四周皆有客人时，展示物品时应变换不同角度。

2. 操作标准

在展示物品时，如果需要动手操作，应说明相关操作流程。手法要干净利落，速度适宜。

📍 小知识

克己复礼为仁，一日克己复礼，天下归仁焉。

——《论语·颜渊》

✏️ 项目小结

通过规范的手势学习，提高服务人员的专业素质，使其能够规范而标准地运用各种手势，并应用在不同服务场合。学习后，要加强手势的练习，以更好地为客户提供服务。

实践体验

1. 任务内容

服务人员常用手势练习。

2. 任务要求

①练习鼓掌，一次 5 下，练习 5 次。

②请坐、请跟我来、请往这边走、小心台阶等手势的练习。

③递接各种物品，分组进行练习。

④展示物品，分组进行练习。

3. 评价要求

根据任务完成的情况，在素养评价表（见表 4 - 6）中对各个指标进行评分，每一个指标最高分 10 分。可以是自评，可以是同学评，也可以是师评。

表 4 - 6　　　　　　　　　　　　素养评价表

指标	垂放手势	背手手势	持物手势	横摆式手势	前摆式手势	双臂横摆式
得分						

项目五　服务仪言篇

项目目标

知识目标：了解服务礼貌用语；

熟悉服务中的沟通原则；

掌握服务中的沟通技巧。

能力目标：会使用服务行业的日常礼貌用语；

能根据不同服务情景使用合适的礼貌用语。

素质目标：培养学生文明礼貌用语的习惯；

树立学生细心、耐心、周到的服务意识；

提升学生内在礼仪修养。

5.1　服务中的倾听

任务导入

小梦是初入职场的员工，热情、开朗、充满朝气。可他也是一个心直口快之人，这导致他初入职场时经常碰壁。有一次他领导还没把话说完，他就直接打断发言；还有几次客户来买东西，顺带和他闲聊几句，结果却变成了他自己口若悬河地讲。基于这些原因，小梦的业绩越来越差，领导也不喜欢他。为此，他焦头烂额，甚至有些想辞职。

这时，小梦的带班师傅找到他说："在职场中，倾听是一门人际交往的高级艺术。在为客户提供服务的过程中，你也需要学会倾听。"

请问：

①小梦犯了什么错误？

②倾听与礼仪是什么关系？

任务解析

文化是民族的血脉，是人民的精神家园。文化自信是更深层、更持久的力量。中华文化独一无二的理念、智慧、气度、神韵，增添了中国人民内心深处的自豪感。

中国几千年文明铸就礼仪文化，可是，现实中许多服务人员连"对不起、谢谢、没关系、您请"这些礼貌用语都说不好，遑论其他，令人长叹。为此，服务人员应系统学习服务用语，以为客户提供更高质量的服务。

任务内容

在日常生活中，我们很容易忽略身边人的"倾听"诉求。复杂的网络信息，快节奏的生活方式，让我们无法判断诉求的真假，很多人不愿意向别人倾诉。

然而，你的倾听往往对他人而言有重要的作用。卡尔·罗杰斯这样写道："如果有人倾听你，不对你评头论足，不替你担惊受怕，也不想改变你，这多美好啊……每当我得到人们的倾听和理解，我就可以用新的眼光看世界，并继续前进……这真神奇啊！一旦有人倾听，看起来无法解决的问题就有了解决办法，千头万绪的思路也会变得清晰起来。"

任务图解

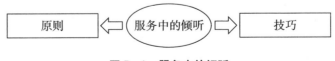

图5-1　服务中的倾听

129

📍 **夯实知识**

5.1.1 服务中的倾听原则

1. 倾听是良好服务的前提

有效的服务过程应该是服务人员与客户进行良好互动的过程，服务人员与客户之间相互作用且彼此间发生积极改变，而倾听是良好服务的开始。互动适应理论认为，交流的双方具有一种互动同步性，人们通常会以同样的态度和行为回报对方。通过倾听，服务人员为客户的情感所触动，客户也能够从中感受到服务人员的情感温度，进而激发两者交流的愿望。服务人员基于自身对客户提供信息的理解，作出积极回应，调整服务方向和策略，如积极回应客户的咨询、提供更详尽的服务信息、查找替代物品等，从而使客户对服务者的专业能力和职业态度产生信赖，愿意听从服务人员的建议。

2. 倾听可以帮助建立服务人员与客户的亲密关系

倾听客户的需求和难处，服务人员能产生情感共鸣，这是客户最期待的。倾听可以帮助建立服务人员与客户之间的亲密关系，这是因为倾听在本质上就有情感的参与。另外，服务人员倾听客户，有助于培养客服双方一体的感觉，帮助客户形成"我们共同完成服务过程"意识，进而提升客服之间的亲密感和客户对服务的满意度。

3. 倾听可以提高服务决策科学性

服务始于对客户需求和期待的充分了解。在服务中，一些服务人员不仔细倾听客户的需求和心声，不仔细揣摩客户的意图，而是沉浸在自己固有的思维模式中。服务人员绝不能仅仅依靠自己的主观判断来进行服务，服务的方向和标准应该是以客户为中心。良好的倾听能使服务人员更准确地理解客户的需求和心理期待，有效防止自身的主观误判，从而提高服务决策的科学性。

4. 倾听可缓解客户对服务方的不满情绪

客户购买的不仅是产品，还有服务，当客户对服务不满意，有权向服务人员反映问题。如果服务人员不认真听他们讲话，不用心体会他们说的情境和感受，客户怎能不生气？反之，服务人员认真倾听，客户会感觉自己被重视，不良的情绪也有了发泄口。当服务人员尝试去理解客户，并表达自己的感受时，客户的焦虑和不安才会得到舒缓，并会重建对服务人员的信任。

📍 小案例

著名成功学大师卡耐基接受朋友的邀请去参加一次桥牌晚会，但其实卡耐基并不会打桥牌，因此只能无聊地站在一边看别人兴致勃勃地打牌。正巧有一位女士也不会打桥牌，于是两人就坐下来闲聊起来。

女士知道卡耐基刚刚从欧洲回来，于是她问道："欧洲是我从小梦想要去的地方，可直到现在都没能如愿，您快说说您的欧洲之行吧，那些地方的风景如何？"

然而，卡耐基并没有急于述说自己的游历，得知女士刚从阿根廷回来，他曾听说阿根廷的大草原风景秀丽，每个去过的人都有独属于自己的感受，于是，他对女士说："欧洲是有许多有趣的地方，但其实，我更喜欢打猎，要是能在风景秀丽的大草原上骑马打猎，那才叫过瘾呢！"

女士听到卡耐基这么说，立刻激动起来，兴奋地说："我刚从阿根廷的大草原旅游回来，那真是一次有趣又好玩的旅程。"女士滔滔不绝地讲起了她在大草原的旅行经历。卡耐基则一直耐心地听着，并不时地微笑着点头，一直到晚会结束分别时，女士不无遗憾地说："卡耐基先生，下次见面我继续给您讲，还有很多有趣的事呢！"

请问：

女士为什么希望还能再见到卡耐基先生并继续向他讲自己的故事？

5.1.2　服务中的倾听技巧

1. 注意倾听，让客户感觉自己备受关注

服务的黄金法则：想要别人怎样对待你，你就怎样对待别人。想让客户关注你的产品和服务，你就要关注客户。而注意倾听，能够让客户感觉自己备受关注。倾听时要停下手头的工作，眼睛专注地看着客户，不要多说话，以点头表示你在聆听，并重复表达客户的意思和他的感受，让他觉得你很想理解他。如果是电话或网上服务，态度要积极，认真而不是草率地回答客户的问题。这一切都会让客户觉得你很在意他，如此才能建立良好的服务关系。

2. 用心去感受，在情绪上与客户产生共鸣

用心去感受，是倾听的情感维度。正如红罗宾汉堡店的文化：尽可能地表现善良。服务人员要通过倾听，了解客户的内心感受，并做到与客户换位思考，设身处地为客户着想。服务人员还要把自己的感受告诉客户，使客户感到被理解和被接纳。尤其当客户投诉和反映问题时，倾听尤为重要。例如，你负责售卖电脑，客户生气地反映电脑不断出现问题，丢失了文件，这时你要给予同情性的回应，这种回应表面上看似乎是冗余的话，但这正是客户所需要的，可以让他感到你的关心和理解。这样，在情绪上产生共鸣，就能够缓解客户的情绪压力，有利于后面问题的解决。

3. 提问与复述，准确认知客户需求和期待

倾听是一种积极的听，是对信息进行主动搜寻的过程。这涉及倾听的认知维度。好的倾听者往往能找到对方所说的话中的重点。服务人员通过与客户的交流了解其观点，再通过其观点了解他的思想和态度。服务人员要持开放态度，把自己的判断先放置一旁。注意客户所说的所有信息而不是根据其所表述的最初几个观点就形成结论，要根据信息的总体内容寻求谈话主旨。避免争论或批评，因为争论与批评会使对方处于防卫状态，相反，要善用提问与复述，通过提问澄清问题、弄清事件细节和过程。复述客户所说的内容，尤其是其内心感受，这样有利于准确理解客户的需求和期待，从而为精准服务打下基础。

4. 丰富与客户交流时的内容，赢得客户的信赖

为什么客户会一次一次地光顾所喜爱的商店呢？这不仅是因为产品的质量好，还因为光顾某店的时候能够让他产生好的感觉。丰富与客户交流时的内容，就可以达到这样的效果。可以适当聊一些商品之外的话题，比如穿着、工作、孩子或者周末安排，这一切都会让客户觉得服务人员很在意他。而且

在聊天的过程中，能够了解客户的喜好、个性与思维方式，以便服务人员能够提供更灵活和个性化的服务。要多准备几个话题，假设客户对其中一个话题不感兴趣，还能从别的角度展开交流。相反，如果只有一个话题，聊天可能很快就中断了。

📍 小案例

案例1：一个服务员通过与客户聊天，得知她的儿子即将升入大学，就说："我的一个客户是大学教授，她给我推荐过一本很棒的有关时间管理的书，您可以买一本作为礼物送给您的儿子，表示您对他的支持。"

案例2：客户指着某件商品问服务人员"这是什么材料做的？"，有的服务人员只会说一句"这是××做的。"但好的服务人员不会让话题就此结束，还会告诉客户这是新型材料，非常环保，结实耐用，而且比同类产品轻便等。

请问：

在与客户交流时，可以从哪些角度展开话题，以丰富与客户交流时的内容？

5. 用行为去回应，立刻解决问题

倾听还包括行为维度，即服务者基于自身对客户发送信息的理解做出的回应行为，如致歉与安慰、经济补偿、更换商品、给予赠品等。仅仅说"请提出宝贵意见"或仅仅说"抱歉"，无法赢得客户的青睐。当客户需要的时候，作为服务人员要有超强的回应能力，要真正为客户着想，敢于承担责任，尽快作出回应，立刻解决问题。能够处理复杂问题，实实在在解决客户的问题，才是服务的出发点和落脚点。

📍 小案例

2018年4月17日，美国西南航空发生客机发动机爆炸事件，公司执行长凯莉致函向机上乘客道歉，并发放5000美元的支票和1000美元的搭机礼券。

请问：

①仅仅道歉，能否赢得客户的青睐？

②当客户需要你的时候，你应具备哪些回应能力呢？

小知识

做一个好听众，鼓励别人说说他们自己。

——戴尔·卡耐基

倾听对方的任何一种意见或议论就是尊重，因为这说明我们认为对方有卓见、口才和聪明机智。反之，打瞌睡、走开或乱扯就是轻视。

——托马斯·霍布斯

5.2　服务中的沟通

任务导入

某日，有几位客人在客房里吃西瓜，桌面上、地毯上吐得到处是瓜子。一位客房服务员看到这个情况，就连忙拿了两个盘子，走过去对客人说："真对不起，不知道您几位在吃西瓜，我早应该送两个盘子过来。"说着就去收拾桌面上和地毯上的瓜子。客人见这位服务员不仅没有指责他们，还这样热情周到地为他们提供服务，都觉得很不好意思，连忙说："真是对不起，给你添麻烦！我们自己来收拾吧。"这位服务员对客人说："请各位不要客气，有什么事，尽管找我！"

请问：

①这位服务员的服务用语有什么妙处？

②我们应该怎样与客户沟通？

任务解析

沟通是心灵的桥梁，能疏通障碍，消除误解；沟通是治愈的良药，能化解冲突，抚平伤痕。沟通更是一杯醇香的热茶、一阵和风细雨，赶走人们心中的阴霾，温暖心灵。

再熟悉的人，一旦不沟通了，也就没有了默契；再深厚的感情，一旦不沟通了，也就很容易破裂。所以，沟通很重要，无论和谁相处，有沟通，才有感情；常沟通，感情才能长久。

任务内容

沟通一般是指在两个或更多的人之间，以语言、书信和电子通信为载体，在思想、观念、知识、意见和情感等方面进行信息交流。沟通作为一种管理方法，在组织群体中具有交流思想、情感，传递工作资讯和密切相互关系等方面的作用。每一个服务人员都应当掌握服务中的沟通原则和技巧。

任务图解

沟通原则 ⇦ 服务中的沟通 ⇨ 沟通技巧

图 5-2 服务中的沟通

夯实知识

5.2.1 服务中的沟通原则

如同做好任何一项工作都要遵循相应的原则一样，服务中的沟通也要遵循相应的原则。

1. 尊重原则

相互尊重是有效沟通的前提。在沟通的过程中，听不进别人的意见、建议，是不尊重人的表现。在服务客户时，应尊重客户的个人习惯和文化习俗。

2. 坦诚原则

在沟通过程中，要做到坦率、真诚地面对客户，这有利于提高沟通的效果。沟通中缺乏坦诚，不仅无助于问题解决，还会激化矛盾。

3. 开放原则

要以开放的心胸面对客户，乐于接受新思想、新观念和新知识。

4. 真实原则

沟通是传递信息的过程，虚假的信息不仅严重影响沟通的质量，还会导致决策失误。因此，在沟通过程中，服务人员要讲真话，讲实话。

5.2.2 服务中的沟通技巧

服务中的沟通要有技巧。作为一个服务人员，只有真正掌握了沟通的技巧，并将其应用于工作实践中，才能更好地提升服务质量。

1. 语言技巧

语言是人际沟通最重要的工具。掌握必要的语言技巧，有助于提高服务人员的沟通能力。

①通俗。尽可能用一些通俗易懂的语言，让客户能明白你的意思。

②生动。沟通时多用形象化的语言，有利于增强语言的感染力。

③简洁。服务时，不讲大话、空话、套话、废话，以节省沟通时间。

④准确。措辞要准确，分析问题要有理有据，切忌含糊其词。

⑤文明。在沟通过程中，忌用粗俗的语言。

2. 思考技巧

沟通的过程，同时也是思考的过程。服务人员在沟通过程中，应选择怎样的沟通方法？欲达到怎样的沟通效果？这些都需要进行思考。

①先思考后沟通。在沟通前，应周密思考，确定沟通的主题、思路、方式等，以提高沟通的质量。

②不要钻牛角尖。当沟通双方意见不一致时，要求大同，存小异，切忌钻牛角尖。

3. 情绪技巧

沟通过程中渗透着情绪，培育良好的情绪，掌握沟通的情绪技巧，是提高沟通质量的重要因素。

①热情。要对与客户沟通表现出极大的热情，乐于同客户交流思想，研

讨问题。

②耐心。要学会倾听，不要随意打断客户的讲话。

③开朗。在沟通过程中，对持否定或反对意见的客户要报以理解、宽容的态度，不要耿耿于怀，甚至打击报复。

④冷静。冷静思考客户提出的不同意见和建议，在沟通过程中要能控制自己的急躁情绪。

📍 小知识

6 个沟通技巧

（1）选择有正面含义的词

在保持积极态度的同时，沟通用语也应当尽量选择有正面含义的词。比如说面对客户时，常用的说法是"很抱歉，耽误您这么久"，而比较正面的表达可以是"非常感谢您的耐心"。

（2）沟通中要多肯定对方

通过重复与对方沟通中的关键词，或把对方语言中的关键词经过自己语言修饰后，回馈给对方，让对方觉得他的想法得到了你的认可与肯定。

（3）善于改变自己的说话方式

一般说来，文化水平高的人，不爱听肤浅、俗气的话，应多说一些逻辑性强的；文化层次较低的人，听不懂高深的理论，应多举浅显易懂的例子；刚愎自用的人，不宜循循善诱，可以适当地激一下；喜欢夸大的人，不妨诱导一下；生性沉稳的人，要多调动他的情绪；脾气暴躁的人，用语要明快简洁；思想顽固的人，要善于发现他的兴趣点，进行转化。只有知己知彼，才能"对症下药"，收到良好的说服效果。

（4）不做沉默的人

有些人因为自卑心理或某种原因而不敢开口说话。其实，你只要勇敢地讲出第一句话，紧接着第二、第三、第四句就会跟着讲出来，别人绝不会在意你说得怎样。所以，把话说出来是关键，而多与人交流是进步的阶梯。

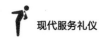

（5）可以用合适的节奏说话

说话太快，使人喘不过气来，别人听不清，自己也白费口舌；说话太慢，使人听得不耐烦。在说话时，要注意说话的节奏，让听者感到舒服、自在。

（6）端正说话态度，沟通效果会进一步提升

在人际交往中，最忌讳那种傲慢的腔调、趾高气扬的神情。而谦逊的态度、委婉的语言、动听的语调，才能让人愿意听下去。

在奥斯卡领奖台上，著名影星英格丽·褒曼在获得两届最佳女主角奖后，又一次获得最佳女配角奖，但她对和她角逐此奖的弗伦汀娜推崇备至。英格丽·褒曼走上领奖台，举起手中的奖杯说道："原谅我，弗伦汀娜，我事先并没有打算获奖。"一句谦逊的话就消除了对方的心理隔阂。

我们在日常交往中，不要企图揭露他人的隐私，更不要用言语攻击别人，这是与人交流中最基本的。谈话时要尊重对方，要诚恳，要设身处地地为别人着想，要掌握分寸，避免伤害别人。即使对方确有缺点也不可抓住不放，喋喋不休，礼貌的做法是委婉批评，应适可而止。总之，不论谈话内容如何，只要你尊重别人，就能得到相应的回报。

5.3　服务中的礼貌用语

📍 任务导入

小梦是初入职场的新员工，热情、开朗、充满朝气。可他同时也是一个心直口快且性急的人，不注意细节，说话也不怎么用礼貌用语，导致客人都不怎么待见她。她心里很无助。这时她找到了她的带班师父，向师父诉说着自己的苦恼。

小梦的师父对他说："服务人员不仅要学会倾听，还要将文明礼貌用语常挂在嘴边"。

小梦赞同地点点头。

请问：

为什么客户都不喜欢小梦？

📍 任务解析

一声"您好、请、谢谢、对不起"，里面包含的是文化、理性、修养，能展现一个人、一个群体的素质，乃至一个地区的文明程度。因此，在服务客户的过程中，要从小事做起，从一言一行做起，说文明话、做文明事。

📍 任务内容

文明礼貌用语是尊重他人的具体表现，是友好关系的敲门砖。在日常生活中，尤其在服务场合，应学会使用文明礼貌用语。

📍 任务图解

图5-3 服务中的礼貌用语

📍 夯实知识

5.3.1 基本原则

一、得体原则

得体原则是指在交际中话语内容得当，交际方式得体。而话语内容是否得当，要结合具体的交际目的、交际关系和交际对象来判断。

任何交际都是有目的的。有人说，"我和他聊天，没什么目的"，并非如此，任何交际都有意图，只不过有些时候你没有意识到而已。交际目的分为两种，一种为求和，另一种为求成。所谓求成目的，就是通过交际，完成一件事或达成一个目标，这时交际带有明确的目的性，所以人们通常都会意识到。而求和目的，不是某一个具体的目的，也不是十分明确，所以很多人意识不到。还有人说，"我们纯粹是闲聊，没有什么交际目的"，其实闲聊也是有目的的，那就是求和，通过交流与对方进一步熟悉，拉近距离，或进一步紧密关系。否则你为什么要和他闲聊，而不是选择和别人闲聊呢？有些人闲聊是想寻找一个人倾诉，那么这个时候的闲聊就带着求成的目的了。所以，即使是看上去没有目的性的闲聊，实际上也是有交际目的的。

比如一个学生想向妈妈要钱买台新电脑，那么他通常会突然对妈妈格外殷勤，做妈妈喜欢的事，说妈妈喜欢的话，妈妈开心了，才有可能答应他的要求。也就是说，当你的交际内容与你的交际目的相一致的时候，你的交际就是得体的，达成目的的可能性也就大。从交际关系来看，有些交际内容和方式在一种关系中是得体的，而在另一种关系中就是不得体的。比如，你的知心话、你的情感生活，对妈妈和交心朋友说就是得体的，对一个不太熟悉的人说就是不得体的。你想喝水，可以直接跟妈妈说："妈，递给我杯水。"如果是恋人或好朋友，你也可以直接说，大家觉得这很自然，也很正常，但如果面对与你关系一般的同学、同事或领导，你还这样说，对方就会反感，心里会想：你是谁呀？凭什么这么不客气地支使我？因为你们的关系还没到那个程度，说这样的话就是不得体的。

鲁迅《立论》中有一个故事：一个孩子满月，第一个人说他能发财，第二个人说他能做官，第三个人说他一定会死。只有第三个人说的是实话，但是在这种场合说这种实话是不得体的，所以他被这家人赶了出去。上面主要是从话语内容是否得当来说的，交际方式也是如此。交际方式是否得体，也要结合交际目的、交际关系、交际对象和场合来判断。

带着求和的目的，说话语气就要缓和，避免争论和冲突。带着求成的目的，就要根据具体的目的，选择恰当的方式。交际关系不同，要采取不同的交际方式。对关系亲密的人无须太客气，可以直接说出你的需求；对于关系一般的人，你就要比较客气地请求别人来帮助你。在日常交往中，与长辈、领导交往，应用尊称或官称，采用等级性礼貌体系和独立话语策略；面对晚辈或下属，应主动降低身份，消除双方的隔阂，采用一致性礼貌体系和关联话语策略，这是得体的交际方式。反之，面对领导和长辈，不分大小地乱开玩笑，言谈举止不礼貌、不尊重；面对晚辈和下属，言行不自重，举止轻佻暧昧，这些都是不得体的交际方式。

交际方式是否得体，也要看交际对象的具体职业。比如，各行各业的专业人员探讨业务，就要使用专业术语，但是如果要把一个专业知识讲给非专业人士，就要把专业术语转变成生活用语，否则就是不得体的。交际方式是否得体，与交际场合也密切相关，在严肃场合，认真严肃是得体的，嬉皮笑脸是不得体的；在轻松随意场合，正襟危坐是不得体的，而自然随意地开玩笑则是得体的。

二、合作原则

语言交际最重要的原则是合作原则。人类产生语言，是合作的需要；人类用语言进行沟通和交流，目的是合作。而交际的本身，也是合作的体现。

（一）合作原则及其基本准则

合作原则作为一个学术术语，最早由分析哲学家格莱斯提出。他认为，人们在交际中应该遵守合作原则，这一原则包括如下四个准则：

①量的准则，就是给出适量的信息，不多也不少。

②质的准则，就是说真话，不说虚假和缺乏证据的话。

③关联准则，就是扣住主题来说话，前后话语要有关联。

④方式准则，就是表达要精确，避免晦涩和歧义。

（二）违反合作原则的 4 种情况

格莱斯接着提出，违背合作原则的四种情况及其产生的会话含义。

①说话者悄悄违背合作原则，令听者上当。比如说谎，这是违背合作原则当中的质的准则，那么就动机而言呢？有的是好的，有的是不好的。好的比如医生对重症患者隐瞒病情，那么不好的呢，比如商品推销中的虚假广告。

②说话者公开宣布不合作，不遵守某一准则。比如不回答对方的提问，或者不提供适量的信息，这可能出于不能提供和不愿提供两种情况。不能提供，比如某件事需要保密，那么不愿提供呢，比如说话者不想告诉听者某些信息。

③说话者可能面临两难境地，顾此失彼，比如遵守了质的准则，就会违

背量的准则。比如下面的例子：

甲：明天北京有雨吗？

乙：有，不对，我不确定，明天很多地方都有雨，但预报员说北京时，我刚好出去了，所以我不太清楚，但我猜应该有。

在这段对话中，甲问，"明天北京有雨吗"，如果遵守量的准则，乙的回答应该是"有"或"没有"，可是乙为了遵守质的准则进行了详细说明，结果超出了适量的信息，这就违背了量的准则。

④说话者有意不遵守某一准则，但他相信听者能觉察到这一点，并认为他仍然是合作的。比如下面的例子：

小李：我买了两张电影票，我们一起看啊！

丽丽：真的吗？那好呀！

小王：我听人说你搞了两张电影票，真不错呀！

小李：是啊！当时排队买票的人特别多。哎？你要去哪儿啊？

小王：我要去吃饭。

小李：行，我们先走了！

小王：好，拜拜！

在这段对话里，小李对丽丽说，他买了两张电影票，并邀请丽丽一起去看电影，丽丽欣然答应，这时小王出现，小王问小李，是不是买了两张电影票，小李顾左右而言他，说买票的人很多，并岔开话题，又问小王去哪儿，这明显违背了合作原则中的关联准则。小李之所以这样做，原因可能有以下几种：

第一，小李想和丽丽一起去看电影，又不希望其他人知道（包括小王）。

第二，小李和小王关系一般，不希望小王知道他买了两张票，以免小王想占用其中的一张。

第三，小李认为只有两张票，不可能三人一起去看电影，所以不如不说自己是否买到了票。

以上几种可能的原因，就是违背合作原则而产生的几种可能的会话含义。所以人们在交往中如果交际一方故意违背了合作原则，人们就会去推导他话语背后的含义。

（三）交际中是否真正合作

我们该如何去判断交际中的双方是否是真正合作呢？事实上，要从会话的整体内容和内在逻辑上来综合考量。比如下面的例子：

甲：是不是你爸妈不够喜欢你呀？

乙：喜欢呀！

甲：那为什么给你穿这么破的 T 恤呢？

乙：我有很多漂亮的裙子，你看，就在你后面！

在这个例子里，乙的第一句回答，按照格莱斯的准则来看，没有问题，符合其中的任何一个准则。但乙的第二个回答，则违背了格莱斯的关联准则，因为乙并没有回答穿破 T 恤的原因，而是回答了"我有很多漂亮的裙子"。乙的字面意思违背了关联准则，继而违背了合作原则。但实际上，如果从整体内容和内在逻辑来分析，乙没有违背合作原则，因为她跳过字面意思的纠缠，直接抓住了问题的本质。乙知道对方之所以问她"为什么给你穿这么破的 T 恤"是因为甲不相信乙的第一个回答，也就是不相信乙的爸妈喜欢她，这也正是甲问乙"是不是你爸妈不够喜欢你"的理由，因为看到了乙穿这样的破 T 恤，所以猜测她爸妈不喜欢她，但是乙却说喜欢，所以，才有了第二个问题。乙直接回答，"我有很多漂亮的裙子呢"来证明她爸妈是喜欢她的，由此说明乙很聪明，她直接抓住了问题的本质，并进行了回答。所以，在本质上，乙的回答是符合合作原则的。合作原则中质的准则、量的准则、关联准则、方式准则，有时表面上不遵守不一定是不合作，就像上面的例子。反过来呢？有时候遵守了这些准则也不见得是合作。比如下面的例子：

女：你看，买这件绿色的衣服怎么样？

男：绿色挺好。（看都没看一眼）

女：有点素！红的，红的怎么样？

男：不错！（头都没抬，照样看都没看一眼）

女：红的有点刺眼！买黑的吧！黑的百搭！你看看！看看！

男：可以！（勉强抬头看一眼）

　　这是一对夫妻的对话，我们看到这位丈夫对妻子的问题一律给予了肯定的回答，四项准则都符合，但我们也能看出丈夫并不是合作的，他明显是在敷衍。因为在交际中，妻子需要的是建设性的意见和建议，如果是合作的，丈夫就应该真诚地表达自己的见解。比如，"我觉得这个款式不太适合你"，或者"你穿红色的更好看"，这样有建设性的意见和建议才是真正的合作。所以，是否合作要综合分析，结合交际的具体情况，而不是简单地套用格莱斯提出的四个具体准则来判断。

　　三、礼貌原则

　　①从"自卑尊人"到"自谦尊人"的准则。传统的中国式礼貌讲究"夫礼者，自卑而尊人"。到了现代，自卑逐渐被自谦取代。因此，在现代交际中，演变成了"自谦而尊人"的原则。这种自谦和尊人，集中体现在自称和他称上，也就是说，称呼自己或者与自己相关的事物时，要谦虚。称呼他人或与他人相关的事物时，要尊重和抬举。比如，刚见面时人们经常会有这样的对话："您贵姓啊？""免贵姓王。"其中一方问姓氏，加一个"贵"字，就是在尊重和抬举对方，使其有高高在上的感觉。另一方回答说："免贵姓×"，把"贵"字免去就是谦虚和辞让。这样的会话双方都很礼貌，也都感到舒服。在其他涉及自称和他称的地方，也是一样。涉及他称时要"尊"、要"举"，涉及自称时要"谦"、要"让"。比如在讨论中，自己的意见就是拙见，他人的意见就是高见；涉及作品，自称就是拙著，他人的作品就是大作；涉及探望，自称就是拜访、拜见和拜会，核心在"拜"字上，带着谦和，他称则是光临、赏光和赏脸，核心在"光"和"赏"字上，把对方举得高高的。这些自谦和尊人的礼貌方式，是我国古代自卑而尊人的礼貌原则在当今社会交际中的遗留和发展。

　　②"上下有义，长幼有序"的称呼准则。从表面上看，这是我国早就过时的礼制，但是却给现代人烙下了深刻的印记。我国人与人之间的称呼，不像西方那样，父子之间、领导和下属之间、兄弟和姐妹之间都直呼其名。我们仍然严格遵循"上下有义，长幼有序"的准则。比如，父母可以直呼子女的名字，但子女绝不可以直呼父母的姓名。下属对领导只能用"姓＋职务"

的方式称呼，比如王主任、李院长，绝不可以直呼其名，但领导却可以直接称呼下属的名字。兄弟姐妹之间也是如此，哥哥姐姐可以直呼弟弟妹妹的名字，但弟弟妹妹却不可以直接叫哥哥姐姐的名字，只能用"哥哥""姐姐"这样的亲属称谓来称呼。

③"彬彬有礼"与文雅准则。一个人如果语言粗鲁，他会被认为粗俗，缺乏教养。反之，如果一个人说话文雅，他会被认为是一个有教养的人。文雅准则要求人们在交际时，尽量选用雅言，即使是不文雅的事物，也尽量要用文雅的方式表达出来。比如"死亡"，一般不直接说"某某死了"，而是说"某某去世了""某某走了""某某永远地离开我们了"。这种委婉的表达方式既文雅，又饱含对逝者的深情与尊重。排泄也是不文雅的行为，所以人们通常不直接用"尿""屎"这样的字眼，而是使用"我去一下洗手间"这样比较文雅的方式来表达。近年来，大学校园里出现了一些不健康的语言现象，很多大学生不注意自己的语言形象，经常说一些粗言秽语，甚至认为这是一种洒脱和时尚的表现，这是极其错误的观念。

④"脸""面子"与求同准则。人们常说的与脸有关的词语有"赏脸""露脸""丢脸""没脸""不要脸"等，与面子有关的词语有"要面子""给面子""有面子""没面子""面子大""面子小"等。"脸"指的是一个人与其社会身份地位相匹配的社会正价值。当个人的所作所为符合并加强了这种正价值，他就"长脸"，当个人的所作所为与这种正价值相悖离，他就"丢脸""不要脸"。"面子"和"脸"有一定的差别，如果说某人做了某事丢脸或者不要脸，则表明这件事几乎成了丑闻；如果说某人因某事丢面子或没面子，则这件事算不上丑闻。在日常语言交际中，人们有时把"脸"和"面子"放在一起，比如说"给他留点儿脸面"。"脸"和"面子"通常与两类事情关联在一起，一是批评指责类，二是给予邀请类。对于批评指责类，人们采用的策略往往是先褒后贬，也就是先把对方表扬一番，然后再说批评的内容。这样即便是逆耳的语言，也能以礼貌的方式表达出来。与批评不同，给予邀请类，对于邀请者来说不是不礼貌的行为，而对方如果不满足邀请者的要求，就是驳面子、不赏脸。这时，求同准则就要求对方恭敬不如从命。生

活中有很多这样的情况，比如我邀请你吃饭，你来了就是赏脸、给我面子，你不来就是不赏脸、不给我面子。酒桌上有人给你敬酒，你喝就是给他面子，你不喝就是驳他面子。所以，在这种情况下，不管酒量如何，你都得喝。这就是礼貌中的求同准则。

⑤"有德者必有言"与德、言、行准则。在儒家思想里，言与德紧密相连。"耻有其辞而无其德，耻有其德而无其行"，这句话的意思是：有这样的言辞却没有这样的品德，等于是嘴上这么说，心里却不这样想；有那样的品德，却没有那样的行为，等于是心里那样想，行为上却没有那样做。语言交际中的德、言、行准则，是指在行为动机上，尽量减少他人付出的代价，尽量增大对他人的益处，这可谓大德。在言辞上尽量夸大别人给自己的好处，而少说自己所付出的代价，这可谓君子。以下面的对话为例：

甲：干什么去？

乙：买鸡蛋去！

甲：我刚好去超市一趟，我帮你带回来就行了。

乙：不好吧！鸡蛋有点不好带。这样是不是太麻烦了？

甲：没事，我骑车过去，不碍事。

乙：那行，那麻烦你了！

甲：没事，没事。

从对话中我们可以看出，甲要帮乙买鸡蛋，在行为动机上，想增大对乙的益处，并体现在言辞上。乙说，"太麻烦了"，在行为动机上想减少对方付出的代价，在言辞上夸大对方的付出。甲说，"不碍事"，在言辞上，尽量减少自己付出的代价。最后乙接受了甲的帮助，并说，"那麻烦你了"，在言辞上夸大对方给自己的益处。自此乙欠了甲一个人情，这就是人与人之间的礼尚往来。

四、尊重原则

语言交际的核心是尊重。表现尊重并不一定要通过繁文缛节，生活中的寻常小事都能体现出尊重。比如，你随便走入一家商店，导购员问："先生，您想看点儿什么？"你回答："我随便看看。"导购员说："好，您请。"导购员不问买点什么、要点什么，而是说看点什么，让人感到轻松，这是礼貌，更是尊重。你蹲下看货架上的光盘，导购员也十分自然地蹲下来，随时准备回答你的疑问，让你感到舒适。你看了一会儿还是没有什么可买，于是抱歉地笑笑说："真是不好意思。"导购员马上回答："您太客气了，欢迎您下次再来！"在这一过程中，导购员的话语和动作都让你感到温馨和舒适，这种尊重，使交流变得简单，也让人感到温暖和惬意，这就是尊重的魅力。

人际交往是为了维护人际关系和情感联系而进行的。现代社会追求平等的人际交往，要实现平等，使用语言要始终注重尊重原则。只有相互尊重，才能称得上平等。这包含两个方面的内容：自尊和尊他。作为具有独立人格的个人，都具有自尊心，即希望别人尊重自己。但是要被他人尊重，要先尊重他人。

德国学者斯普兰格在其书中谈到了尊重别人的重要意义。他指出，我们应该可以感受得到，这个世界不是只有我们自己，而是还有别人，有许多其他的人存在。也许你我相遇是那么偶然，那么无关紧要，但是我们要互相尊重、互相帮助。这种尊重别人的心，也反过来帮助我们做到真正的自重。

5.3.2 日常服务礼貌用语

一、服务礼貌用语的要求

①说话要用尊称，态度要平和。

②说话要文雅、简练、明确。

③说话要婉转热情。

④说话要讲究语言艺术，力求语言优美，婉转悦耳。

⑤"四不讲"：不讲粗话；不讲脏话；不讲讽刺话；不讲与服务无关的话。

⑥"五声"：客来有迎声；客问有答声；工作失误有道歉声；受到帮助有致谢声；客人走时有送声。

⑦语言语调悦耳清晰。

⑧语言内容准确充实。

⑨语气诚恳亲切。

⑩讲好普通话。

⑪语言表达恰到好处。

二、日常服务礼貌用语

1. 打招呼用语

要求：说话亲切，待人礼貌，招呼热情，谈吐自然。

①您好！	⑪请多多指教。	㉑晚安。
②您早！	⑫请教一下。	㉒再见。
③早晨好。	⑬没关系。	㉓欢迎您再来。
④请。	⑭对不起。	
⑤请问。	⑮不要紧。	
⑥请坐。	⑯别客气。	
⑦请稍等。	⑰您贵姓？	
⑧请原谅。	⑱打扰您了。	
⑨请您走好。	⑲谢谢。	
⑩请多关照。	⑳晚上好。	

2. 称呼用语

要求：笑脸相迎，称谓亲切，落落大方，宾至如归。

①同志。	⑥经理。
②先生。	⑦部长。
③夫人。	⑧局长。
④太太。	⑨主任。
⑤小姐。	⑩科长。

3. 征询应答用语

要求：热情有礼，认真负责，洗耳恭听，解客之难。

①您有什么事情？

②我能为您做点什么？

③您有别的事吗？

④这会打扰您吗？

⑤您需要××吗？

⑥您喜欢××吗？

⑦您能够××吗？

⑧请您讲慢一点。

⑨请您再重复一遍好吗？

⑩好的。

⑪是的。

⑫我明白了。

⑬这是我应该做的。

⑭我马上去办。

⑮不，一点都不麻烦。

⑯非常感谢！

⑰谢谢您的好意。

4. 道歉语

要求：态度诚恳，语言温和，虚心倾听，谋求谅解。

①实在对不起。

②这是我的过错。

③打扰您了。

④是我工作马虎了，一定改正。

⑤这完全是我工作上的失误。

⑥真不好意思，让您受累了。

⑦非常抱歉，刚才是我说错了。

⑧刚才的谈话请您能谅解。

⑨是我搞错了，向您道歉。

⑩说话不当，使得您不愉快，请谅解。

⑪这事我也不太清楚，等我问清楚，再告诉您。

⑫您提的意见很好，我们一定采纳并改进工作。

5. 礼宾服务用语

①欢迎您来××饭店。

②先生（同志）您有什么事？

③您贵姓？您的单位是什么？

④请出示您的证件。

⑤请您登记会客单。

⑥请到办公室等候。

⑦请您到总服务台办理手续。

⑧××先生不在，请您联系好再来好吗？

⑨我一定帮您转达。

⑩请慢走，再见。

6. 总服务台服务用语

①欢迎来××饭店。

②请您出示证件。

③请问您住几天？

④请您填写住宿单。

⑤请交押金××元。

⑥这是您的房卡和收据，请收好。

⑦有贵重物品请存在总服务台保险箱。

⑧这是您的行李，共三件。

⑨您有什么事，请与总服务台联系，我们尽力帮助您解决。

⑩我来帮您提行李。

⑪请到南边迎宾厅。

⑫请上楼。

⑬请乘电梯。

7. 电话总机服务用语

①您好，××大厦。

②请讲慢一点。

③请再说一遍。

④请稍等，不要挂断。

⑤我给您接到××部。

⑥请稍等，现在占线。

⑦没有人接听。

⑧××先生不在，您能留下电话号码吗？回来给您回话。

⑨××先生，刚才××先生来电话，请您回电话，号码×××。

8. 宴会预订服务用语

①请问您是个人还是单位预订？

②请问您预订用餐时间、人数、餐标。

③我们有××、××餐厅。

④请问您宴请哪里的客人？

⑤请问对菜品有特殊要求吗？

⑥请稍等，我为您重复一下预订内容。

⑦请留一下您的姓名和联系方式。

⑧感谢您的来电，再见。

9. 餐厅服务用语

①欢迎您，请问几位？

②请往这边走。

③请跟我来，请坐。

④请稍等，我马上给您安排。

⑤请您看看菜单。

⑥现在可以点菜吗？

⑦对不起，这菜刚卖完，换个××菜您看行吗？

⑧请品尝一下今天的特色菜。

⑨您喝点什么酒？

⑩这个菜加工需要半小时，您能多等一会儿吗？

⑪现在上菜好吗？

⑫对不起，请让一让。

⑬对不起，让您久等了。

⑭您还需要点什么？

⑮您吃得满意吗？

⑯现在可以结账吗？

⑰请问您的结账方式？您的钱正好。

⑱共××元，找您××元，谢谢。

⑲欢迎您常来。

⑳谢谢，请慢走。

10. 客房服务用语

①欢迎您到我们酒店来。

②请让我看一下您的房卡。

③请这边走。

④先生，这是您的房间。

⑤这是空调开关，这样调节使用（示范）。

⑥您还需要什么？

⑦有事请打电话到服务台。

⑧路上辛苦了，请休息。

⑨好，我马上就去办。

⑩等我问清楚再告诉您。

⑪我马上找人把它修好。

⑫这是您的账单（电话、酒水、洗衣费等），请签单或请付款。

⑬先生，您是不是不舒服，需不需要请医生？

⑭我陪您去好吗？

⑮您想吃点什么？

⑯待一会儿就给您送来。

⑰先生，这杯子什么时候碎了？

⑱按规定需赔偿。

⑲您离开房间时请把钥匙交到服务台。

⑳我是服务员，现在可以清扫房间吗？

㉑对不起，洗衣房把您的衣服洗坏了，我们加倍赔偿，您看可以吗？

㉒您明天离开饭店，还有什么事需要我们帮助吗？

㉓好，我马上去找，给您送来。

㉔请您再看看，有无遗漏物品。

㉕这是您的退房单，请到总服务台结账。

㉖您有什么意见，欢迎批评指正。

㉗感谢您的帮助。

㉘我帮您提行李。

㉙欢迎您再来，还住我们楼。

㉚请慢走，再见。

11. 娱乐健身等服务用语

①欢迎您，请问几位？

②您需要哪种器械？

③我马上给您安排。

④需要我的帮助吗？

⑤对不起，这里禁止吸烟。

⑥您需要点什么（点心、饮料、水果等)？

⑦我马上给您送来。

⑧请到服务台结账。

⑨请您签单。

⑩欢迎您常来。

⑪谢谢，请慢走。

12. 洗浴美容服务用语

①欢迎您，请到里边来。

②请坐，请稍等。

③我马上给您安排。

④先生（女士），请里边坐。

⑤温度合适吗？

⑥这样可以吗？

⑦您需要什么？

⑧请您到服务台结账。

⑨请拿好您的东西。

⑩欢迎您再来。

13. 商场服务用语

①您好，您想买点什么？

②您看这件（套、个）怎样？

③您看行吗？

④您还需要别的吗？

⑤您的钱正好。

⑥这是找您的钱××元，请收好。

⑦请稍等，我给您包装好。

⑧请拿好，慢走。

⑨谢谢，欢迎您再来。

14. 商务票务服务用语

①请问复印几份？

②您的原件不是很清晰，可能复印效果差一些。

③对不起，现在××日飞往××的机票已售完。

④请稍等，我帮您联系一下航空公司。

⑤如果可以，我帮您查一下下一趟班机。

⑥如果买往返，票价会便宜一些。

⑦我帮您查一下有无打折票。

⑧请出示您的身份证。

⑨请核对一下您的个人信息。

⑩您可以回来后再取票。

⑪祝您旅途愉快。

⑫祝您一切顺利。

15. 旅行社导游、司机服务用语

①欢迎您乘坐××旅行社汽车。

②请上车，慢一点，注意安全。

③请坐好，现在开车可以吗？

④前面拐弯，请坐稳。

⑤到了××，等车停稳再下。

⑥请慢点，拿好您的东西。

⑦××点准时开车，请不要误了车。

⑧您有什么事，请与我联系。

⑨请看看身边的人都到齐了吗？

⑩有晕车的同志，这里有晕车药，请服用。

⑪明天去××，早晨××点开车。

⑫到了，请拿好自己的东西按顺序下车。

⑬谢谢大家对我们工作的帮助，请提宝贵意见。

⑭下次来××欢迎还找我们旅行社。

16. 工程部服务用语

①打扰一下，我来为您维修××设备。

②××设备已修好，打扰了。

③您好，我是工程部维修工，请问××设备出了什么问题？

三、日常服务礼貌用语（英文）

1. 欢迎和问候语

①Good morning（afternoon，evening），sir（madam）. 早上（下午、晚上）好，先生（夫人）。

②How do you do？您好！（初次见面）

Glad to meet you. 很高兴见到您。

③How are you？您好吗？

Fine，thanks. And you？好的，谢谢。您呢？

④Welcome to our hotel（restaurant，shop）. 欢迎您到我们宾馆（餐厅、商店）来。

⑤Wishing you a pleasant stay in our hotel. 愿您在我们宾馆过得愉快。

⑥I hope you will enjoy your stay with us. 希望您在我们宾馆过得愉快。（客人刚入店时）

I hope you are enjoying your stay with us. 希望您在我们宾馆过得愉快。（客人在饭店逗留期间）

I hope you have enjoyed your stay with us. 希望您在我们宾馆过得愉快。（客人离店时）

⑦Have a good time！祝您过得愉快！

2. 电话用语

①It is Shangshui Hotel，Front Desk. Can I help you？山水大酒店，前厅。需要帮助吗？

②Sorry，I've dialed the wrong number. 对不起，我拨错号了。

③May I speak to your General Manager？能和你们总经理说话吗？

Speaking. 我就是。

④Sorry，he is not here right now. 对不起，他现在不在。

Do you want to leave a message？您要留口信吗？

⑤Pardon？对不起，请再说一遍好吗？

I beg your pardon？对不起，请再说一遍好吗？

3. 祝贺语

①Congratulations！祝贺您！

②Happy birthday！生日快乐！

③Happy New Year！新年快乐！

④Merry Christmas！圣诞快乐！

⑤Have a nice holiday！节日快乐！

⑥Wish you every success！祝您成功！

4. 答谢和答应语

①Thank you（very much）. 谢谢您（非常感谢）。

②Thank you for your advice（information，help）. 感谢您的忠告（信息、帮助）。

③It's very kind of you. 谢谢，您真客气。

④You are welcome. 不用谢。

Not at all. 不用谢。

Don't mention it. 不用谢。

⑤It's my pleasure. 很高兴为您服务。

With pleasure（My pleasure）. 我的荣幸。

⑥I am at your service. 我随时为您服务。

⑦Thank you for staying in our hotel. 感谢您光临我们酒店。

5. 道歉语

①I'm sorry. 对不起。

②Excuse me. 打扰一下。

③Oh，it is my faults. 噢，这是我的错。

④Sorry to have kept you waiting. 抱歉让您久等了。

⑤Sorry to interrupt you. 抱歉打扰您。

⑥I'm sorry about this. 对此我很抱歉。

⑦I apologize for this. 我道歉。

⑧That's all right. 没关系。

⑨Let's forget it. 让我们忘了它吧。

6. 征询语

①Can（May）I help you？你能帮助我吗？

Yes，please. 乐意为您效劳。

②What can I do for you？我能为您干点什么吗？

③Is there anything I can do for you？有什么我能为您效劳的？

④Just a moment，please. 请稍等一下。

⑤May I use your phone? 我能借用您的电话吗？

Yes，of course. 当然可以。

Certainly. 当然可以。

7. 指路用语

①Go upstairs/downstairs 上楼/下楼

②It's on the second（third）floor. 在二（三）楼。

③Excuse me. Where is the washroom（elevator）? 对不起，请问盥洗室（电梯）在哪儿？

This way，please. 请这边走。

④Turn left/right. 往左（右）转。

⑤It's in the lobby near the main entrance. 在大厅近大门处。

⑥It's in the basement at the end of the corridor. 在地下室走廊尽头。

8. 提醒用语

①Mind（Watch）your step. 注意脚下。

②Please be careful. 请当心。

③Please don't leave anything behind. 请别遗忘您的东西。

④Don't worry. 别担心。

⑤Take it easy. 别紧张。

⑥Please don't smoke here. 请不要在这里抽烟。

9. 告别语

①Goodbye. 再见。

②See you later. 等会见。

③Good night. 晚安。

④See you tomorrow. 明天见。

⑤Goodbye and thank you for coming. 再见，谢谢您的光临。

⑥Goodbye and hope to see you again. 再见，希望再见到您。

⑦Have a nice trip! 一路平安！

⑧Wish you a pleasant journey! Good luck! 祝您旅途愉快！好运！

10. 销售公关用语

①What kind of rooms（food）would you like to have？您需要什么样的房间（菜）？

②Here is a brochure of our hotel. 这是介绍我们酒店的小册子。

③We'll give you a 10% discount. 我们给您九折优惠。

④We'll offer free breakfasts for the accomanying person. 我们给陪同提供免费早餐。

⑤We accept your terms. 我们接受您的条件。

⑥May I introduce myself? 容我介绍我自己。

⑦May I present you a little souvenir? 请接受我们的一点小纪念品。

⑧Cheers to our friendship！为我们的友谊干杯。

⑨Cheers to the health of the guests present here！建议为在座客人的健康干杯。

⑩Cheers！干杯！

📍 小案例

S大酒店是一座四星级商务酒店，它方便的地理位置、良好的设施和环境吸引了大量商务散客。邱女士入住1212房间不久，便接到老朋友陈太太打来的电话，说马上来酒店探望她。邱女士有些激动，匆忙更衣，直奔大堂等候陈太太的光临。10分钟过去了，未见陈太太的身影，邱女士按捺不住，不由得向大厅门口走去，这时门童适时而礼貌地说了一句："请走好，欢迎下次光临。"她不由一怔，看到门童微笑的表情，便明白门童误解她要离开了，但这句不合时宜的问候并未使她感到反感。正值深秋时节，门外有些冷，出于盼友心切，邱女士只好一会儿在厅内等候，一会儿又到厅外盼迎，而每次她都能听到门童机械的"请走好，欢迎下次光临"的问候，这问候听一次尚能接收，听多了让人生厌，为了少听到这样的问候，邱女士只好收住脚步，耐心地在大厅内等候。

请问：

①门童错在什么地方？

②门童在服务于进出大门的客人时，应该如何问候？

5.4 服务情景礼貌用语

🔍 任务导入

G 先生入住一家五星级酒店，头天晚上 11 时左右曾委托总服务台李小姐提供叫醒服务，但李小姐未能按时叫醒客人，从而使客人错过了航班，引起了客人的不满。下面是大堂副经理 A 与客人 G 先生的一段对话：

A：G 先生，您好！我是大堂副经理 A，请告诉我发生了什么事情？

G：什么事你还不知道？我耽误了飞机，你们要赔偿我的损失。

A：你不要着急，请坐下来慢慢说。

G：你别站着说话不腰疼，换你试试。

A：如果事情发生在我身上，我一定会冷静的，所以我希望您也冷静。

G：我没你修养好，你也不用教训我。我们没什么好讲的，去叫你们经理来。

A：叫经理来可以，但您对我应有起码的尊重，我是来解决问题的，可不是来受气的。

G：你不受气，难道让我这花钱的客人受气？真是岂有此理！

请问：

①G 先生为什么这么生气？

②大堂副经理 A 的处理方式有什么不妥？

🔍 任务解析

礼貌用语的重要性可以从多个角度来看：一方面，它可以极大地减少矛盾；另一方面，它可以维护自身的尊严。

礼貌用语可以营造和谐的社会环境，减少矛盾，促进相互理解，减少冲突，从而可以使人们之间进行更加有效的沟通交流。除此之外，只有你尊重别人，别人才会尊重你，只有你对别人使用礼貌用语，别人才会对你使用礼貌用语。因此，使用礼貌用语也是在维护自身尊严。

◉ 任务图解

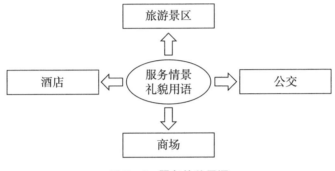

图 5 - 4　服务礼貌用语

◉ 夯实知识

5.4.1　酒店

1. 见面礼貌用语（迎候宾客）

您好，欢迎光临！

2. 预订礼貌语（客房预订）

①先生/小姐，请问您预订哪天的房间，预计住几天？

②先生/小姐，我们有单间、双间、套房，请问您需要什么类型的房间？需要多少间呢？

③先生/小姐，针对您这样的商务/会务组/旅行团客人，我们这有××房间，折后价是××元，不含早餐。（介绍房间情况）

3. 直接称谓语

①男性：先生。

②女性：小姐、夫人、女士、太太。

4. 间接称谓语

①那位先生/那位女士。

②您的先生/您的夫人。

5. 欢迎语

①欢迎您住我们宾馆。

②欢迎您来这里进餐。

③希望您能在这里过得愉快。

6. 问候语

①您好！

②早安/午安/晚安！

③多日不见，您好吗？

7. 祝贺语

①祝您节日愉快！

②祝您生日快乐！

③祝您一切都好！

④祝您一帆风顺！

8. 告别语

①再见！

②晚安（晚上休息前）。

③祝您一路平安、旅途愉快！

④欢迎您再来。

9. 征询语

①您有什么事情？

②我能为您做些什么？

③需要帮您做点什么吗？

📍 **小案例**

　　一天，某会务组经办人员张先生检查会议室的布置情况。会议室原有座位 46 个，而会议人数则为 60 人，张先生发现会议室增加了椅子，却未增加茶几。服务员解释道：一是会议室太小，茶几恐怕放不下；二是没有那么多茶几。事后张先生找到客房部经理才解决了茶几问题。张先生安排参会人员进行娱乐活动，到楼层询问服务员小赵："请问×××风景区怎么走？"小赵抱歉地笑了笑说："对不起，先生，我不知道。"张先生扫兴地摇了摇头。

　　请问：

　　案例中，服务人员使用了酒店礼貌用语，为什么客人还是不满意呢？

5.4.2　旅游景区

　　1. 旅游景区服务人员礼貌用语

　　①您好，欢迎光临××景区！

　　②您好，请收好门票，景区内有××景点需要验票。

　　③谢谢，欢迎下次光临！

　　④对不起，您的证件不符合免票规定，请到售票处补票，谢谢。

　　⑤请拿好您的票，往这边走，祝您此次旅行愉快！

　　⑥您好，有什么需要帮忙的吗？

　　⑦对不起，这个问题我现在无法回答，请留下您的联系方式，稍等了解清楚再回复您（电话用语）。

　　⑧对不起，请再重复一遍。

　　⑨您好，××景区××处，我是××，请问需要什么帮助？（所有来电在三声铃响内应愉快礼貌地应答）

　　⑩感谢您致电××景区，希望能继续得到您的关注，谢谢！（电话结束用语）

　　⑪请您坐下，慢慢说。

⑫非常抱歉给您造成这样的麻烦。

⑬这是我们工作的疏漏，十分感谢您提出的批评。

2. 旅游景区从业人员服务忌语

①不知道。

②自己看。

③你是谁？

④牌子上写得有，你不会自己看啊？

⑤你可能不明白……

⑥我们不会……我们从没……我们不可能……

⑦你弄错了。

⑧这不可能。

⑨你别激动……你不要叫……你平静一点……

⑩我不是为你一个人服务的。

⑪没看到我们很忙吗？你先等一下。

⑫你最好……之前给我们打电话，否则我们就下班了。

⑬你必须先排队后买票。

⑭你刚才说你是谁？

⑮禁止……不准……严禁……不得……违者罚款……

⑯这不是我们的责任。

📍 小案例

某景区实行"一票通"游玩制，游客只需要购买150元门票，即可在景区各个游乐点尽情游玩。其中，金矿漂流是受游客喜爱的游乐项目之一。它是一个水上项目，全长350米，游客坐在漂流筏里，经过犬牙交错的溶洞、摇摇欲坠的危石，还要被高压水枪偷袭，最后浑身湿透回到岸上，开心大笑之后再用水枪偷袭别人。游客在激烈的"枪战"中体验了欢乐，但尽情之余，全身湿漉漉的会影响下一步游玩。因此，景区为游客准备了有偿使用的雨衣，但额外的付费项目给景区工作人员的工作带来了一定难度。

情景 1：游客走入金矿漂流游玩项目时，工作人员甲面无表情地问候道："你好！欢迎光临，雨衣 10 元一件，请问需要几件？"

"雨衣也要收费？不是送的吗？"游客反问道。

"可以不买，随你！"工作人员甲冷冷地说。

"你这人怎么这种服务态度？"游客终于按捺不住和甲吵了起来。

情景 2：同样的场景下，工作人员乙则是这样服务的："您好，先生！您玩儿的这个项目是免费的，但因为是水上项目，会溅湿您的衣服，为了方便大家，咱们游乐园特别准备了雨衣，不过这里收的是雨衣的成本费，买不买都是自愿的，您可以自由选择，祝您玩得开心！"

工作人员乙看游客有些犹豫，微笑着说道："大家出来玩儿，就要玩儿得尽兴对吧！衣服溅湿了容易影响下面几个项目的游览兴致。"游客听了认为挺有道理，便掏钱买了雨衣。

请问：

为什么都是在卖雨衣，两个工作人员取得了截然不同的效果？

5.4.3　公交

①公交服务离不开"请、您好、谢谢、再见、对不起"10 字文明用语；需要别人的理解和帮助多说"请"，得到别人的帮助应说"谢谢"，当自己的言语、行为伤害到别人时说"对不起"，见面说声"您好"，告别道声"再见"。

②准确、亲切的称呼有利于工作的展开，应对年长乘客称"老师傅""老同志"；对年轻乘客称"女士""先生"；对学生乘客称"同学"；对年幼乘客称"小朋友"；无法准确判断年龄的统称"乘客"。

③乘客上下车用语。"××路公交车，请排好队按顺序上车""为了您和他人的安全请不要拥挤""请注意安全，慢慢上""各位乘客，为节省您的时间，请先下后上""请给下车的乘客让一让路"。

④疏导用语。"请往里面走，请大家相互让一下""请不要站在门口""对不起，车已满员，请乘坐下班车"。

⑤车内检票用语。"上车的乘客请您主动投币，有卡的乘客请刷卡""对不起，您的学生卡审验已过期，请投币""对不起，您的老年卡审验已过期，请投币""对不起，您刚刚刷的卡是非法卡，请投币，同时公司将收回您持有的非法卡，谢谢合作"。

⑥报站服务用语。"××站下车的乘客请您向后门走，做好下车准备""××站到了，下车的乘客请从后门下车""××站到了，请您在车辆停稳后下车"。

⑦安全用语。"车辆转弯，请您抓好扶手，注意安全""为了您的安全请不要将头和手伸出窗外""开门请当心""各位乘客，请看管好自己的物品，注意安全""为了您和他人的安全，严禁携带易燃、易爆或危险物品上车""为了大家的安全，严禁携带宠物上车""请照顾好您的小孩，注意安全"。

⑧终点站用语。"终点站到了，请您带好随身物品按顺序下车""下次乘车再见"。

⑨儿童购票用语。"这位乘客，您带领的孩子身高已超过1.2米，请投币或刷卡，谢谢您的合作"。

⑩携带物品购票用语。"对不起，您的行李（物品）超过规定标准，请按规定投币或刷卡"。

⑪特殊群体服务用语。"请您为老、弱、病、残、孕及抱小孩的乘客让个座，谢谢""哪位乘客给这位老人让个座，谢谢您的合作"。

⑫卫生用语。"为保持车内清洁卫生，请您不要在车内吸烟""请不要随地吐痰，乱丢果皮、纸屑，谢谢您的合作""请您把烟熄掉，谢谢合作""为了您和他人的健康，请协助我们保持车内清洁"。

⑬道路拥堵解释用语。"高峰期交通拥挤堵车，耽误了您的时间请谅解""城区交通拥堵，公交准点、快捷营运受影响，请大家谅解""各位乘客，现在是上（下）班高峰期，人多拥挤，请大家互相关照""乘客们，前方道路堵塞，请大家稍等"。

⑭车辆故障解释用语。"很抱歉，车辆出现了故障，请大家稍等""对不起，车辆发生故障，请换乘后面的车，谢谢合作"。

⑮交流用语。"您的建议我们一定采纳，谢谢""您指出的问题我们一定改正，谢谢""感谢大家对我们的支持和配合""我们服务不周的地方，请多加包涵""感谢您对公交事业的关心"。

小案例

谢小姐上车买票时跟乘务员说到××地方，乘务员很不耐烦地问她到××地方的哪里，谢小姐觉得乘务员的服务态度很差，双方发生了争执，期间乘务员骂她"不要脸""神经病"之类的，谢小姐则向公交公司投诉该乘务员服务态度差。

请问：

乘务员应该如何做才能尽量避免投诉？

5.4.4　商场

1. 顾客走近柜台时

①您好!

②您来了!

③您需要点什么?

④您看看什么?

⑤您几位想看看什么?

⑥我们这经营×××商品，欢迎您参观选购。

⑦您先随便看看，看好了我替您拿。

2. 顾客询问的商品无货时

①对不起，您需要的商品（型号）暂时无货，请您过几天再来看看。

②对不起，您要的商品暂时无货，××商品的性能和它相仿，您看看?

③对不起，您要的商品暂时无货，如果您特别需要，请留下联系方式来货后我们通知您，免得您多跑。

3. 顾客挑选时

①您看这款怎么样? 这是××厂的新产品，材料和制作上都比较讲究，

价钱合理。

②请您先看看，如不合适我再给您换。

③这是××地方的厂家生产的，请您慢慢挑选。

④对不起，这次没能让您满意，欢迎再来。

4. 当顾客试衣时

①请保管好随身物品。

②随身物品请不要遗忘在试衣间。

5. 顾客犹豫时

①您看看是不是这种商品。

②您看这样行吗？

③请您不要着急，我帮您挑选。

④请您仔细看一看。

6. 业务繁忙时

①对不起，让您久等了，您需要点什么？

②请稍候，马上给您拿。

7. 顾客询问商品时

这款商品的特点是×××，使用方法是×××，优点是×××，缺点是×××。

8. 交易结束、送别顾客时

①这是您的商品，请带好！

②您还需要点别的吗？

③欢迎您再来！

④请慢走，再见。

9. 顾客退换商品时

①对不起，让您又跑一趟。

②请稍等一下，我马上替您办理退（换）货手续。

③实在对不起，您购买的商品按规定不能退（换），请您谅解。

④对不起，这个问题我解决起来有困难，要请示领导，请您稍等。

⑤对不起，这商品不是在我们商场购买的，不能为您退（换）。

10. 顾客索要包装袋时

如果您购买商品，会免费为您提供包装袋的。

11. 当听到顾客批评或提意见时

①是我们的不对，对不起，请谅解。

②谢谢您对我们工作的支持。

③我们将立即采取措施，让您满意。

④您如对我们工作有意见，可到"客诉接待室"反馈。

12. 当有要事离岗时

对不起，我有要事急办，请这位营业员接待您，好吗？

13. 当顾客询问购物或办公地点时

①请到××柜。

②请您往××走。

14. 搬运商品请顾客让路时

①对不起，请借个路，好吗？

②对不起，请让让路。

15. 在营业场地行走与顾客相遇时

请您先行。

16. 当到下班时间时

①请您不要着急，仔细挑选。

②欢迎您再来。

📍 小案例

前不久，陈女士经过一家商场的一个化妆品柜台时，该柜台的一名服务人员向她推销一款面膜。陈女士表示不需要，但对方说不买不要紧，可以先了解一下，陈女士无奈之下只好停下来听服务人员介绍。经过一番有关陈女士皮肤问题的讨论后，服务人员再次劝说陈女士购买，遭到拒绝后，该服务人员脸一下子拉下来，并小声对旁边的另一位服务人员说："我简直在对牛弹琴。"陈女士很气愤，觉得受到了侮辱。

请问：

案例中，服务人员的举动是否正确？如果你是该服务人员，你会怎么做？

✏️ 项目小结

语言，是人们交流思想的工具。在服务工作中，语言是每个服务人员完成各项接待任务的重要手段，是提高服务水平，搞好文明服务的先决条件。服务人员在日常工作中是否使用文明语言，直接关系到服务质量的好坏。

👥 实践体验

1. 任务内容

从以下服务情景中任意选择一个服务情景进行模拟练习：

①酒店服务人员礼貌待客

②旅游景区服务人员礼貌待客

③公交服务人员礼貌待客

④商场服务人员礼貌待客

2. 评价要求

根据任务完成的情况，在素养评价表（见表 5 – 1）中对各个指标进行评分，每一个指标最高分 10 分。可自评、同学评或师评。

表 5 – 1　　　　　　　　　素养评价表

项目	发型	服饰	礼貌用语	微笑服务	礼仪手势	站姿	坐姿	走姿	蹲姿
得分									

项目六　服务仪礼篇

项目目标

知识目标：掌握日常接待礼仪规范；
　　　　　掌握商务交往礼仪的内容；
　　　　　掌握用餐服务礼仪的内容；
　　　　　了解外事活动礼仪的原则。

能力目标：能在工作中灵活运用学到的礼仪知识；
　　　　　能够运用这些礼仪知识规范自身言行，提升自身修养。

素质目标：培养学生"以礼待人，尊重他人"的礼仪理念；传承和弘扬
　　　　　平和、谦逊、律己的中华优秀传统礼仪文化。

6.1　日常接待礼仪

任务导入

小梦大学毕业后在四星级酒店做前台，他问经理："我对于前台工作还不太熟悉，请问需要注意些什么？"经理答道："前台日常接待的任务比较多，涉及很多的礼仪知识，不过不要担心，只要你多观察、多思考，多实践总结，多与客人沟通，用健康阳光的心态去面对，就一定能散发自己的光芒。"

任务解析

酒店的接待人员作为酒店的门面，与客人的接触是面对面的，也是最直

接的，前台是最先向客人提供服务的部门。

对于客人来说，接待人员是他们接触酒店的第一步，能够影响到对酒店的第一印象，所以接待人员在一定程度上代表了酒店的形象；同时，酒店对客人的服务是从接待开始的，而好的开始是成功的关键。因此，前台服务人员一定要做好本职工作，关注个人形象，锻炼口头表达能力，并不断丰富自己的礼仪知识，以更好地提供服务。

📍 任务内容

接待的礼节一定要做到位。客人入住酒店最先接触到的对象就是酒店的迎宾，迎宾的服务态度至关重要。迎宾要能正确地进行介绍，并正确称呼客人等。

📍 任务图解

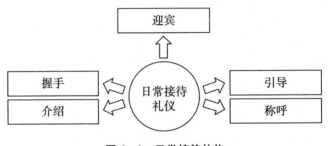

图6-1 日常接待礼仪

📍 夯实知识

6.1.1 迎宾

1. 迎接服务规范

①应站在酒店大门一侧，挺胸抬头，眼睛平视，面带微笑，随时准备为客人服务。

②要热情地对客人说："您好，欢迎光临"，并鞠躬15°致礼。

③当客人较为集中抵达时，应挨个向客人微笑、点头并致以问候，尽量使每一位客人都能听到亲切的问候声。

④如遇下雨天，应主动为客人撑雨伞以防客人被雨淋湿；客人随身携带雨具时，应主动帮助客人将其存放在门口的伞架上。

⑤遇见老人、儿童、残疾人时，应主动伸手搀扶其下车。

2. 开车门服务规范

①车停稳后，站在车辆朝向酒店大门一侧的前、后门中间，准备开门和关门。

②如果是出租车，应等候客人付完车费再拉开车门。

③开门时，用左手拉开车门。

④打开车门的同时应当问候客人。

⑤客人如果乘坐的是轿车，应当用右手挡在车门上沿，为客护顶，防止客人下车时碰伤头部。

⑥应根据客人的衣着、外貌、言谈举止，结合工作经验判断客人是否有宗教信仰，如无法准确判断，可以询问客人。

⑦开关车门应当按照女士、长者优先的顺序。开门时先开朝向大门一侧的门。

3. 送客服务规范

（1）送别散客

①客人出门，应当主动向客人点头致意，对暂时离开的客人应说"一会儿见"，对结账离店客人应说"祝您一路平安，欢迎您再次光临"。

②客人乘车离店，应引导车辆停靠在方便客人上车和装运行李的地方。

③客人如有行李，应礼貌地请客人核实行李数量。

④等车停稳后，应站在适当位置，拉开车门，请客人上车，并视具体情况为客人护顶。

⑤等客人坐稳后，轻轻关上门，关门时注意不能夹住客人衣服和物品。

⑥应站在靠近大门一侧，挥手向客人告别，目送客人离开，等客人车辆驶出视线后再转身离开。

（2）送别团队

①应站在车门一侧，向客人点头致意，代表酒店对客人下榻表示感谢，祝客人一路平安，欢迎客人再次光临。

②注意客人上车过程，发现行动不便、手提行李过多的客人时应主动提供帮助。

③经导游确定客人全部到齐后，目送车辆离开，等客人车辆驶出视线后再转身离开。

6.1.2 引导

接待人员应懂得基本的引导礼仪。带领客人到达某个目的地时，应用正确的引导方法和引导姿势，下面是常见场所的引导礼仪。

1. 门口引导礼仪

①手势：五指并拢，手心向上与胸齐，以肘为轴向外转（见图6-2）。

②站位：引领者在客人左前方一米处引领。

图6-2 引领手势

2. 楼梯引导礼仪

引导客人上楼时，接待人员应让客人走在前面，自己走在后面。若是下楼，应该由接待人员走在前面，客人走在后面。上下楼梯时，应注意提醒客人注意安全（见图 6 - 3）。

图 6 - 3　引领手势

有楼梯台阶的地方应使用手势，并提醒客人"这边请"或"注意楼梯"等。

3. 电梯引导礼仪

先按电梯让客人进，若客人不止一人，应先进入电梯，一手按"开"，一手按住电梯侧门，并说"请进"；到达楼层后，一手按"开"，一手做出"请"的手势，并说"到了，您先请"。

4. 开关门引导礼仪

①手拉门。接待人员应说"请稍等"，再拉开门，站在门旁，用横摆式手势请客人进门，最后自己把门关上。

②手推门。接待人员应说"请稍等"，然后推开门，用横摆式手势请客人进来（见图 6 - 4）。

图 6 - 4　横摆式手势

6.1.3　称呼

称呼是指人们在日常交往、应酬中彼此之间采用的称谓语，也是当面招呼对方，以表明彼此关系的名称。称呼不仅能体现对对方的尊重、双方之间的关系，也能体现说话人的个人修养和知识水平。一个得体的称呼，会使人如沐春风，并为以后的交往打下良好的基础。不得体的称呼则会使人陷入尴尬境地，造成交往障碍，影响交往效果。

1. 称呼的要求

（1）礼貌得体

在社交场合，称呼要与对方的年龄、性别、身份、职业等相称，要做到礼貌得体。不能用"喂""哎"来称呼，更不可用鄙视性称呼，如"看门的""扫地的""老头儿"等。

（2）注意场合和风俗习惯

在正式场合，对于熟人、朋友或者本单位的领导均应以职务相称，对于不太熟悉的，应以"姓＋先生（女士）"或"姓＋职务"相称，以体现严肃性。

选择称呼还要照顾被称呼者的个人习惯，入乡随俗。

（3）讲究次序

在社交场合要注意称呼的次序。一般来说同时与多人打招呼，应按照先长后幼、先女后男、先疏后亲，或者按照由近及远的顺序。

（4）考虑亲疏关系

对于德高望重的前辈，称其为"先生"；对于刚结识不久且年长的朋友，称其为"老师"；同事之间，可视年龄大小在姓氏前加"老""小"相称，如"老王""小季"；上级称呼下级，长辈称呼晚辈，亲友、同学、邻里之间可以直呼其名。

2. 常用的称呼

（1）社交、工作场合中常用的称呼

在工作岗位上或正式场合，称呼的总体要求是庄重、正式、规范。

①职务性称呼。一般在较为正式的政务活动、商业活动、学术性活动中使用，以示身份有别，敬意有加，而且要就高不就低。有三种称呼方式：一是只称职务，如书记、院长、董事长、总经理等。二是职务前加姓氏，如王总经理、张主任、吴校长等。三是职务前加上姓名，如××书记、××部长、××董事长等，这种称呼适合正式的场合。

②职称性称呼。对于有专业技术职称的人，可用职称相称。有三种称呼方式：一是仅称职称，如教授、律师、工程师等。二是在职称前加姓氏，如李主编、常律师、王工程师。三是在职称前加姓名，如杨振宁教授、阎崇年研究员，这种称呼适合正式的场合。

③学衔性称呼。这种称呼，可以增加被称呼者的权威性，同时有助于营造现场的学术气氛。有三种称呼方式：一是仅称学衔，如博士、院士。二是在学衔前加姓氏，如张博士、王院士。三是在学衔前加姓名，如张宇博士、王选院士。

④行业性称呼。在工作中，可以直接将行业或职业作为称呼，如老师、教练、医生等。一般在此类称呼前，均可加上姓氏或者姓名，如刘老师、于教练、姚远医生等。

⑤泛尊称。社会各界人士在较为广泛的社交中都可以使用的称呼，如女性可以称作小姐、女士、夫人、太太（未婚者称小姐，已婚者或不明其婚否者称女士）；男性可以称作先生；不论男女都可以称作同志。

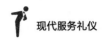

（2）生活中的称呼

生活中的称呼总体要求是亲切、自然、准确、合理。

①对亲属的称呼。与外人交谈时，对自己的亲属应采用谦称。对于自己的父母，可加"家"字，如"家父""家母"等；对于年龄小于自己的亲属，可加"舍"字，如"舍弟""舍妹"等；对于自己的子女，可称"小儿""小女"。对他人的亲属要采用敬称，一般可在称呼前加"令"字，如"令尊""令堂""令郎""令爱"等。对其长辈，也可加"尊"字，如"尊父""尊母"等。

②对朋友、熟人的称呼。对任何朋友、熟人，都可以用人称代词"你""您"相称。平辈的朋友，可以直呼其姓名，也可以免呼其名，在被称呼者的姓前加上"老""大"或"小"字，如"老刘""大王""小赵"。

6.1.4 介绍

一、自我介绍

1. 自我介绍的分寸

①时机把握。最好是在你想了解对方情况，或你想要对方了解你的情况的时候。

②顺序安排。自我介绍时，遵循"尊者享有优先知情权"的原则，即低位者先做自我介绍。

③辅助选择。进行自我介绍时，可以借助辅助工具如名片来介绍自己，也可以利用业内熟人的关系来介绍自己。

④时间长度。自我介绍的时间不应过长，以 30 秒左右为宜。

⑤特别提醒。自我介绍时，不要忘记给对方一个自我介绍的机会。例如，"您好，我是中国移动公司的"，得到对方回应之后，继续讲，"我叫陈志荣，这是我的名片"，然后说，"请问您怎么称呼？"

2. 自我介绍的 5 种模式

①寒暄式，又叫应酬式。这是一种面对陌生人的有距离感的交际，其自我介绍内容主要是姓名。例如，"您好，我叫王坤。"主要用于某些公共场合

或者一般的社交场合。

②社交式。这是一种在私人交往中，想跟别人交朋友、想了解对方的情况时的自我介绍，内容包括姓名、职务、籍贯、爱好，以及自己跟交往对象共同认识的人等。例如，"您好，我叫李季，在东方传媒工作，您的同学张小妍是我的同事，她经常向我提起您。"

③公务式。这是一种在工作之中、正式场合做的自我介绍。这时的自我介绍应包括四个要素：单位、部门、职务、姓名。姓名必须报全名，供职单位及部门，可仅报单位名称。若职位较低，可以说下目前所从事的具体工作。例如，"您好，我叫王潇，是东方传媒公司的业务经理。"

④礼仪式。适用于讲座、报告、演出、庆典、仪式等一些正规而隆重的场合，介绍的内容包括姓名、单位、职务，同时还应加入一些适当的谦辞、敬辞。礼仪式的自我介绍是一种对交往对象表示友好的介绍方式，例如，"各位先生，各位女士，大家晚上好！我叫李季，是东方传媒公司的人事部经理。欢迎大家参加今天的答谢会，在此愿各位度过一个愉快的周末。"

⑤问答式。问答式的自我介绍一般用于应试、应聘和公务交往中，有时也可用于普通的应酬场合，通常的形式是有问有答。例如，应聘某工作，人事部门的人通常会问起求职者的姓名、年龄、工作经验等，求职者要根据提问进行回答。

二、第三方介绍

第三方介绍是指通过第三方为彼此不认识的两个人相互引荐的一种商务交际方式，这种介绍为陌生人之间架起了沟通的桥梁。

1. 介绍的顺序

为他人做介绍时，必须遵守"尊者享有优先知情权"的原则，即先介绍地位低的。

①把职务低者介绍给职务高者，例如，"董事长，这是东方公司财务部的袁科长。"

②把年轻者介绍给年长者。例如，"高教授，让我来介绍一下，这是学校人事处的王老师。"

③如果双方年龄、职务相当，则应该先把男士介绍给女士。

④聚会上，要把后到者介绍给先到者。

2. 谁当介绍者

如果是私人聚会，比如说家里来了客人，介绍者一般是女主人。而在公众场合、商务场合，则应该选择专业的人士来当介绍者，如：

①社交活动的组织者。

②社交场合的长者，地位、身份较高的人，主要负责人员等。

③公务交往中的专职人员，如公关人员、礼宾人员、文秘及接待人员等。

④熟悉被介绍者的人。

⑤被介绍者一方或双方要求的人。

介绍者为被介绍者做介绍之前，应尽量征求一下被介绍者双方的意见，了解他们是否彼此都想认识对方，以免为本来就相识或者不想相识的双方做介绍，使三方都尴尬。另外，在社会交往中，被指定的介绍者或者决定为他人做介绍的人，要熟悉被介绍者的情况。

◉ 小案例

如何自我介绍和介绍他人

把自己或他人介绍给其他人有许多方式。一般来说，自我介绍就是自我推销。社交场合经常要作自我介绍，如参加各种会议或宴会时，往往就需要介绍自己。聪明的人会抓住机会，在介绍自己的同时，大力介绍本单位产品和业务，以达到推动业务发展的目的。如某酒店经理在自我介绍时说："大家听说过××酒店吧！我就是这个酒店的经理，欢迎来我们酒店做客，我保证给大家提供一流的服务。"

6.1.5 握手

1. 握手的含义

据说中世纪时，人们为了表示友好，双方见面时会先伸出手掌让对方摸摸手心，这种习俗逐渐演变，形成一种如今最常用的基本礼节——握手。

握手，是交际的一部分。不同的人握手的力度、姿势与时间的长短不同。人们可通过握手了解对方的个性，从而赢得主动。美国著名盲聋女作家海伦·凯勒曾写道："有的人拒人千里，握着冰冷的手指，就像和凛冽的北风握手。有些人的手却充满阳光，握住它使你感到温暖。"事实也确实如此，因为握手是一种语言，是一种无声的语言。

今天，握手在许多国家已成为一种常见的礼仪行为。通常，与人初次见面、久别重逢、告辞或送行时均以握手表示友好。在一些特殊场合，如表示祝贺、感谢或慰问时，或双方交谈中出现了令人满意的共同点时，又或双方原有的矛盾得以化解时，习惯上也以握手为礼。

2. 握手的礼仪

（1）握手的场合

下列情况都是适合握手的场合：

①遇到较长时间没见面的熟人时。

②在比较正式的场合欢迎和道别时。

③在作为东道主的社交场合，迎接或送别来访者时。

④拜访他人后，在告辞的时候。

⑤被介绍给不认识的人时。

⑥在社交场合，偶然遇上亲朋故交或上司的时候。

⑦别人给予你一定的支持、鼓励或帮助时。

⑧表示感谢、恭喜、祝贺时。

⑨对别人表示理解、支持、肯定时。

（2）握手的顺序

①主人、长辈、上司、女士主动伸出手，客人、晚辈、下属、男士再相迎握手。长辈与晚辈之间，长辈伸手后，晚辈才能伸手相握；上下级之间，上级伸手后，下级才能接握；主人与客人之间，主人宜主动伸手；男女之间，女方伸出手后，男方才能伸手相握；如果男性年长，与女性父辈年龄相当，在一般的社交场合中仍以女性先伸手为主。如果有人忽略了握手礼的先后次

序而已经伸了手，对方应不迟疑地回握。

②注意事项。一个人如果需要与多人握手，应讲究先后次序，即先年长者后年幼者，先长辈后晚辈，先老师后学生，先女士后男士，先已婚者后未婚者，先上级后下级，先职位、身份高者后低者。在公务场合，握手时伸手的先后次序主要取决于职位和身份。而在社交、休闲场合，则主要取决于年纪、性别、婚否。在接待来访者时，主人应先伸出手来与客人相握；而在客人告辞时，则由客人先伸出手。前者表示"欢迎"，后者表示"再见"。

3. 握手的方法

握手时，距离受礼者约一步，上身稍向前倾，两足立正，伸出右手，四指并拢，拇指张开，与对方相握。

（1）握手时的注意事项

①要集中精力，不要东张西望。握手的时候，眼睛一定要注视对方的眼睛，同时微笑并问候对方，千万不要一边握手一边东张西望，或者跟对方还没握完手就看其他人。

②姿态要自然。在社交场合与他人握手时，应起身站立。双方站立，彼此将要相握的手从侧下方伸出，伸直相握后两手臂形成一个直角。

③握手时的手位。单手相握时应伸出右手，不能伸出左手与人相握，有些国家和地区甚至认为人的左手是"脏"的。平等而自然的握手姿态是相握的两手的手掌都垂直于地面，这是一种最普通也最稳妥的握手方式。双手相握，只适用于亲朋好友之间用以表达深厚情谊，这种方式不适用于两位初见者，更不适用于异性之间，因为它可能被理解为讨好和失态。

④握手的力度。握手的力度要掌握好，握得太轻了，对方会觉得你在敷衍他；握得太重了，对方不但没感觉到你的热情，反而会觉得你很粗鲁。女士不要把手软绵绵地递过去，显得连握都懒得握的样子，既然要握手，就应大大方方地握。

⑤握手的时长。握手的时长以 3 秒以内为宜，不可过短也不可过长，过短给人感觉充满戒备或者敷衍了事，过长则可能造成尴尬。当与一些重要的大人物握手时，时长要适当缩短，以 1 秒钟左右为宜。

（2）握手禁忌

社交场合为避免握手失礼，要了解握手的禁忌，主要有以下几点：

①不要拒绝他人的主动握手。

在任何情况下拒绝对方主动要求握手的举动都是无礼的，即便对方忽视了握手礼的次序，我们也应伸手回握。女士们请注意，为了避免尴尬，在与人打招呼时最好先伸出手。在自己手上有伤、有水或不干净时，应谢绝与对方握手，同时应该致歉。

②避免交叉握手

多人相见时，注意不要交叉握手，也就是当两人握手时，第三者不要把胳膊从上面架过去，急着和另外的人握手，应等别人握手之后，或者绕过他人再行握手礼。

③避免握手时戴手套

在社交场合，与人握手时要摘下手套，至少摘下右手的手套，再行握手礼，以示尊重。只有一种情况不用摘下手套，就是女士在身着礼服，手上戴着配合礼服的装饰性手套时，可以不必摘下。

✎ 项目小结

根据介绍人的不同，介绍可分为自我介绍、第三方介绍两种类型。根据社交礼仪规范进行介绍时，应注意介绍的时机、介绍的顺序等诸多方面的问题。我们在教学中采用提出要求、学生演示、校正问题、自主归纳等方法，来提高学生综合素质。

👥 实践体验

1. 任务内容

自我介绍的练习。

2. 任务要求

①进行 1 分钟的自我介绍练习，应简单大方。同学们可以先写一篇文稿，再二人一组相互练习。

②分小组练习自我介绍的5种方式。

③三人一组练习第三方介绍。

3. 评价要求

根据任务完成的情况，在素养评价表（见表6-1）中对各个指标进行评分，每一个指标最高分10分。可以是自评，可以是同学评，也可以是师评。

表6-1 素养评价表

指标	仪态仪表	语言表达	介绍内容	表情自然	身体姿势	整体效果
得分						

6.2 商务交往礼仪

📍 任务导入

在商务活动中，商务交往礼仪可以协调商务活动中人际关系的行为方式和活动形式，约束日常商务活动的方方面面。

📍 任务解析

商业竞争日趋激烈，跨国交往日益增多。人们在商务交往中的行为举止，不仅仅是个人行为，还会影响到企业的形象，甚至国家的形象。因此，必须时时刻刻注意维护自身形象，而商务礼仪就在其中起着至关重要的作用。小梦即将去做会议服务工作，而才毕业的他只会旅游服务的基本礼仪，因此觉得任务重，不知如何做好这份工作，你能帮帮他吗？

📍 任务图解

图6-5 商务交往礼仪

夯实知识

6.2.1　端茶倒水

首先，茶具要清洁。客人落座后，应备茶。冲茶之前，一定要把茶具洗干净，尤其是久置未用的茶具，难免沾上灰尘、污垢，更要细心地用清水洗刷一遍。在冲茶、倒茶之前最好用开水烫一下茶壶、茶杯。用不干净的茶具给客人倒茶，是不礼貌的表现。用一次性杯子时，应在倒茶前要注意给一次性杯子套上杯托，以免水热烫手，让客人一时无法端杯喝茶。

其次，茶水要适量。茶叶不宜过多，也不宜太少。茶叶过多，茶味过浓；茶叶太少，茶味太淡。假如客人主动介绍自己有喝浓茶或淡茶的习惯，那就按照客人的口味把茶冲好。再说倒茶，无论是大杯小杯，都不宜倒得太满，太满了容易溢出，不但会把桌子、凳子、地板弄湿，还容易烫伤自己或客人的手脚。当然，也不宜倒得太少。倘若茶水只遮过杯底就端给客人，会使人觉得是在装模作样，不是诚心实意。

最后，端茶要得法。应用双手给客人端茶。对有杯耳的茶杯，通常是用一只手抓住杯耳，另一只手托住杯底，把茶端给客人。

6.2.2　乘车

1. 乘坐轿车

上车下车，看似简单，其实大有学问，对于女士而言，则尤为重要。女士上车，不要一只脚先踏入车内，也不要爬进车里。最好采用背入式，即将身子背向车厢入座，坐定后随即将双腿同时缩入车厢。如穿长裙，在关上门前应先将裙子理好；准备下车时，应将身体尽量移近车门，车门打开后，先将双腿踏出车外，立定，然后将身体重心移至双脚，头部先出，然后再把整个身体移出车外。这样可以有效避免"走光"，也会显得姿态优雅。

如穿低胸服装，不妨加披一条围巾，以免弯身下车时出现难为情的情况，也可用钱包或手袋轻按胸前。

2. 乘坐公交车

为保障乘车人候车、乘车安全，乘坐公共汽车须在站台或指定地点候车，待车停稳后，先下后上，不能退搡拥挤。年轻人应该帮助老人、儿童及残疾人先上车。不准携带易燃、易爆等危险品乘坐公共汽车。车在行驶中，不准将身体任何部分伸出车外，不准追车、扒车、跳车。在乘车时，不要催驾驶员开快车，不准与驾驶员闲谈或做其他妨碍驾驶员安全驾驶的活动。上车后不要挡在车门口，应该尽量往里走。

在车上不要高声谈笑，即使你兴致勃勃也要等下车再说，因为在公共场所大声喧哗就是不尊重他人的表现。

上车后应主动刷卡或购票，尤其是无人售票车，更应自觉，不能逃票。

3. 注意文明礼貌

在车上遇到老弱病残孕及抱小孩的乘客，有座位的年轻人应主动让座。

碰到他人给自己让座，不能表现出心安理得的样子，而要立即表示感谢。假如自己不打算去坐，则应有礼貌地说明。

在车上打喷嚏时，要用纸捂住口鼻，防止唾沫四溅；坐在座位上不要把脚踩到前面乘客的位置上，以免弄脏别人的衣物；若携带散发异味的物品或尖锐、易碎裂的物品上车，最好事先包好，放在妥善的地方，并提醒其他乘客小心；不能携带有碍安全的物品上车，以保证乘车人的安全。

6.2.3 乘机

前往机场和登机的过程中，应注意以下几方面。

1. 提前一段时间去机场

这是乘坐飞机前的基本要求。一般来说，国内航班应提前一小时到达，国际航班需要提前两小时到达，以便留出托运行李、检查机票、确认身份、安检的时间。

遇到雨、雪、雾等特殊天气，应该提前与机场或航空公司取得联系，确认航班的起落时间。

2. 行李要尽可能轻便

手提行李一般不超过 5 千克，其他行李要随机托运。国际航班上，对行李的重量有严格限制。如果行李超重，要按一定的比例收费。为了避免在安全检查时耽误时间，应将金属物品放在托运行李中。

乘飞机时，一定不要带太多随身行李。很多人不愿意托运行李，便带着大包小包乘飞机。这样一来，在取放行李时，他们经常长时间占用过道，影响其他人通行。而且，还会占用别人的行李位，使后来的旅客没有地方放自己的随身物品。

在机场，旅客可以使用行李车来运送行李。在座位上休息时，行李车不要横在过道内，影响其他旅客通行。

3. 乘坐飞机前要领取登机牌

大多数航班都是在登记行李时由工作人员办理登机牌。登机牌要在候机室和登机时出示。如果你没有提前购买机票或未订到座位，需在大厅的机票柜台买票登记，等候空余座位时必须耐心，直到持票旅客全部登记后，才能拿到你的登机牌。

在办理登机牌和安检的时候，每个人都要自觉排队。有的人为几个朋友占着位置，朋友一来好几个人都加进他的位置上，这样做不太好。办理登机牌和安检的队伍往往有好几个，旅客可以选择人较少的队伍排队，而占队的行为会增加其他旅客的排队时间。

旅客在换完登机牌后，一定要注意看登机牌上的具体登机时间。如果航班有所延误，需要听从工作人员的指挥，不能乱嚷乱叫，造成秩序混乱。

4. 通过安检

乘客应配合安检人员的工作，将有效证件（身份证、护照等）、机票、登机牌交安检人员查验。放行后通过安检门时，需要将电话、钥匙、小刀等金属物品放入指定位置，手提行李放至传送带。当安检人员对自己所携带的物品产生疑问时，如需打开行李进行检查，应积极配合，如有违禁物品，要妥善处理，不可妄加争辩，扰乱秩序。乘客通过安检门后，注意将身份证件、登机牌收好，以免遗失，随后持登机牌进入候机室等待。

6.2.4 驾车

在比较正规的场合，乘车一定要分清座次，并在合适处就座。下面介绍四种常用的座次。

由主人亲自驾驶时，座次的尊卑由高到低的顺序是：副驾驶座、后排右座、后排左座、后排中座（见图 6-6）。由专职司机驾驶时，座次由高到低的顺序是：后排右座、后排左座、后排中座、副驾驶座（见图 6-7）。

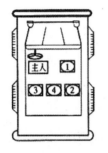
图 6-6 双排五座轿车

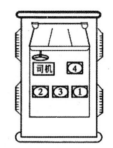
图 6-7 双排五座轿车

📍 **小知识**

①乘坐主人驾驶的车时，尽量不让前排空着，最好有一个人坐在那里以示相伴。

②由专人驾驶车辆时，副驾驶座一般也叫随员座，通常坐于此处者多为秘书、译员、警卫等。从安全角度考虑，一般不应让女士坐于副驾驶座，孩子与尊长也不宜在此处就座。

③座次有时也需要灵活调整，尊重客人本人的喜好，客人坐在哪里，哪里即上座。

6.2.5 会议服务

会议服务就是指在会议过程中，根据会议的需求，配备专门的服务人员，为会议提供全面的服务。会议服务能保证会议顺利进行，是整个会议过程中不可缺少的一部分。会议服务主要分为会前服务、会中服务和会后服务。

一、会前服务

1. 明确任务和人员分工

①会议服务工作实行固定划分制，根据会议室开会的频率、会议室容纳人数的多少、会议室的重要性来进行分工。

②服务人员负责管辖所划分会议室的整体保洁、会议服务、设备设施管理、消防器材保管等全部工作。

③会议服务工作也可以根据各单位实际情况进行临时性安排。

④接收到会议通知时，要及时做好记录，询问清楚会议内容、地点、人数、时间及有关要求，并及时反馈给相关人员。

2. 物品准备和会场布置

①对客户提出的会议要求要尽快满足，自己解决不了的问题要及时上报主管领导。

②会议服务人员必须按客户要求的时间提前做好准备工作，根据客户的要求摆放座签、茶杯、矿泉水、果盘、牙签、湿纸巾、抽纸、小毛巾等，所有的会议准备工作必须在会前 30 分钟全部完成。

③会场桌椅、茶杯、座签等物品摆放要求整齐、规范，达到横对齐、竖对直的标准。

④提前 30 分钟打好开水备用。

⑤一律使用会议室专用茶杯，定期对茶杯进行高温消毒（也可使用一次性纸杯）。

⑥茶杯放在参会人员的正前方，与参会人员保持一定的距离，茶杯之间摆放的距离相等，都摆放在一条直线上，杯把向右侧；矿泉水摆放时，商标一律朝向参会人员。

⑦提前 30 分钟打开会议室门，进行室内通风，会前准备工作就绪。提前 10 分钟站在会议室门口进行礼仪迎宾。

⑧会前 10 分钟，会议服务人员以饱满的精神状态站在会议室门口的一侧进行礼仪迎宾，并引导参会人员按位置坐好。

3. 做好保洁和安全工作

①定期擦拭窗台、窗框、玻璃、纱窗、门、扶手，依次清洁墙面、护墙板、踢脚线，着重清洁茶几、桌面、椅子、沙发、地面，使其保持干净无灰尘。

②每月用吸尘器对会议室内地毯进行吸尘。

③定期用消毒粉清洗水杯、毛巾；每次会议结束后对茶杯进行高温消毒。

④对会议室进行每日通风，保证会议室内空气清新。

⑤对灭火器定期进行检查保养，按时填写保养记录。

⑥检查电器设备有无异常情况，存在问题及时通知专业人员进行维修。

4. 摆台

①按照会议要求摆放座签、话筒、鲜花。

②演讲台一般设置在主席台右侧，按会议要求摆放话筒、鲜花、矿泉水等。

③按照客户对会场的要求调整桌椅的位置，保留倒水的空间。

5. 设备准备

①根据会议要求对话筒进行调试，并检查音箱效果，有问题及时处理。

②检查会议室内照明设施是否完好，存在问题及时通知维修人员。

③提前将空调打开，调到适当的温度。

④检查会议桌椅牢固性，有松动现象及时通知专业人员进行维修。

二、会中服务

1. 迎宾工作

①若召开重大会议，需要礼仪迎宾时，会议服务人员应化淡妆、身着礼服（旗袍），提前20分钟在会议室门口进行迎宾，将会议室门提前打开，会议开始前的几分钟内把门轻轻关闭，会场休息的时候要及时将会议室门打开。

②迎宾服务一般按照会议的规模、重要性或客户的要求，安排2名或4名服务人员对称站在会议室门口进行迎宾。

③迎宾人员站立的时候要两腿并拢，右手轻放在左手上，肘部应略向外张。上身要稳定，不要背手，也不要双手抱在胸前，身子不要侧歪在一边，挺胸平视，接待参会人员时要微笑，重要领导或认识的客户到来时一定要主

动点头问好。

④服务人员要熟悉会场内座次的摆放，引导参会人员快速寻找到座位。

2. 倒水和递毛巾

①服务人员在倒水的时候要面带微笑，动作轻、稳。

②倒水时，服务人员应用食指与中指夹起杯盖，拇指与无名指托起杯把，侧身站在参会人员的右后侧，杯子倾斜45°，倒8分满即可。

③倒水的先后顺序：先客人后主人，如在一个单位内要先领导后其他人。

④在有茶几的接待室内进行倒水服务时，不要用臀部正对着客人，应侧身对客人屈腿倒水，饮料要当着客人的面打开。

⑤会议服务人员在行走时要轻、稳，不能让鞋与地面磨出声响，以免影响会议的进行。

⑥小毛巾应在会议召开前十分钟摆好，小毛巾放在统一的小托盘里，一般在休会期间进行更换。如客户需要，可以随时更换新的小毛巾，不要用手直接接触已经消毒好的毛巾，应使用夹子将毛巾放入托盘，送至客人跟前。

3. 水果拼盘

①按照会议人数、参会人员的级别、水果盘的尺寸来定水果的品种，尽可能使用应季水果，购买容易食用的水果，不宜太多，减少浪费。

②一般带皮的水果放在一个水果盘内，不用剥皮吃的水果放在一个盘内，尽可能买一些小型水果，吃起来方便。大型水果一定要事先切好，并备好牙签方便食用。

③一个水果盘内的水果不要超过2种，颜色要岔开，根蒂冲下摆放，水果盘一般摆放在2人之间，让每个人都能很容易地吃到水果。如果是大型会议，可在会议室最后一排摆放水果，客人可以在休会的时候食用。

④若会场提供水果，则湿纸巾、抽纸要备足，并放果皮筒。

4. 添加茶水

①添茶频率应控制在15～20分钟一次，夏季和冬季频率不一。也可根据

会场人员的需要灵活掌握，但是倒茶不能过于频繁，以免影响会议的正常进行。

②添加茶水的顺序和初次倒茶顺序一样，先客人或先领导，后主人或其他人。

5. 物品补充和更换

①会议中烟缸内有三个烟头就要进行更换，更换时要用干净的烟缸替换脏的，先把脏的撤到客人后面，再把干净的烟缸放回原处。

②休会期间要及时更换毛巾、湿纸巾，将会议桌面一些杂物清理干净，及时补充水果。

6. 特殊需要

①会议服务过程中经常会遇见客户有临时的服务要求，服务人员要注意观察客户的眼神和举动。在客户有需要时，上前略欠身体轻声问："您好，请问您有什么事情?"

②会场外遇到特殊事情需要场内领导处理，一般都是用小纸条传递，传递完以后一定要及时给予双方回复。

③对客户在会议期间提出的一些要求，能办到的要尽力去办；不能办到的要如实向客户说明。

三、会后服务

1. 送客和检查

①会议结束后，服务人员应提前站在门口送宾。

②检查客户是否有遗留物品，如果有物品遗忘要保存好，并通知客人。

③检查有无烟头撒落，并及时清理。

2. 整理和保洁

①会后及时整理、清扫会议室，茶杯要彻底清洗并高温消毒。

②桌椅恢复原样，摆放整齐。

③室内公共设备表面要进行清洁，保持无尘、无污渍。

3. 关闭

关闭室内所有电器设备，检查门窗是否关闭。

6.3　餐饮服务礼仪

📍 任务导入

餐饮已经成为人们社交活动中的一个重要组成部分，成为沟通情感、增进友谊的纽带，在日常生活和社交中的地位越来越高，人们也越来越关注自己的就餐体验。餐饮服务礼仪在这种情况下应运而生。

📍 任务解析

餐饮业属于服务行业，在服务行业中，礼仪是非常重要的。服务人员应该注重礼仪，用优雅、得体的服务赢得顾客的好评。所以，要注重服务人员礼仪的培训，让服务人员穿戴整齐，坐有坐相，站有站相。在现实生活中，有些服务人员在餐厅里吸烟，甚至拿菜碟当烟灰缸；有些服务人员随地吐痰，一点儿都不注意公共卫生；有些服务人员一开口就是脏话、粗话，在大庭广众之下吵吵嚷嚷，一点儿都不顾及顾客的感受，这些都是缺乏礼仪修养的表现。

📍 任务图解

图 6-8　餐饮服务礼仪

📍 夯实知识

6.3.1　中餐礼仪

一、席次与座次礼仪

中餐有两大类型：零点和宴会。零点的特点是客人随到随吃、自行付款，因此在席次和座次安排上没有特殊的要求；宴会则是政府机关、社会团体、企事业单位或个人为了表示欢迎、答谢、祝贺等社交目的以及庆贺重大节日而举行的一种隆重、正式的餐饮活动，具有就餐人数多、消费标准高、菜点品种多、气氛隆重热烈、就餐时间长、接待服务讲究等特点，在席次和座次等方面有一定的要求。

1. 席次礼仪

席次礼仪主要反映在台型布置上，宴会的台型布置不仅是事务性的工作，而且涉及社交礼仪等问题。因此，要根据宴会厅的形状、使用面积和宴会要求，按宴会台型布置的原则，即"中心第一、先右后左、高近低远"来设计（见图6-9）。

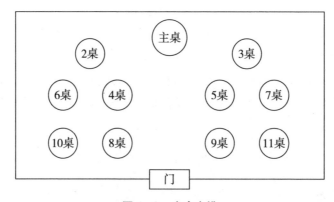

图6-9 席次安排

①中心第一是指布局时要突出主桌，主桌放在上首中心。

②先右后左是国际惯例，即主人右席的地位高于主人左席的地位。

③高近低远是指按被邀请客人的身份安排座位，身份高的离主桌近，身份低的离主桌远。

④主桌有两种，一种是长方形横摆桌，主客面向众席而坐；另一种是大圆桌，圆桌中央设花坛或围桌，主客围桌而坐。主桌的座位应摆放席卡。

⑤一般说来，台下最前列的一两桌是为贵宾和第一主人准备的，赴宴者如果不是贵宾，最好不要贸然入座。

⑥中式宴会多使用圆桌，如果是多桌中餐，则每桌都有一位主人或招待人负责照应，其两侧的座位是留给本桌主宾的。

⑦如果桌数较多，则将排列序号放在餐桌上。隆重的中餐还为每位客人准备一份菜单。

2. 座次礼仪

宴会的座次安排必须符合礼仪，主要根据宴会的性质、主办单位或主人的特殊要求和出席宴会客人的身份确定其相应的座位。

宴会座次安排的原则是：主人坐在厅堂正面，副主人与主人相对而坐，主人的左右两侧安排主、次宾座席，在副主人两侧安排三、四宾席；有时在主人右侧安排主宾，副主人右侧坐次宾，主人左侧是第三宾客，副主人左侧是第四宾客，其他座位为陪同席（见图6-10）。

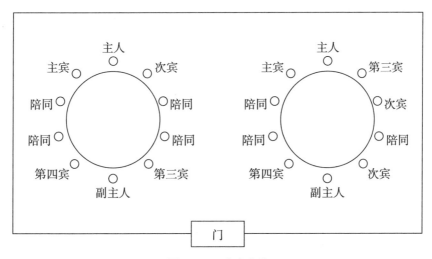

图6-10 座次安排

在国际交往和商务交际场合，中餐习惯于按职务和身份高低排列席位；如果夫人或女士出席，通常将女士排在一起。

如遇主宾身份高于主人时，为表示对主宾的尊重，可以请主宾坐在主人的位子上，而主人坐在主宾的位子上，第二主人坐在主宾的左侧或按常规排列。

主宾携夫人来访，而主人的夫人因故不能出席时，可请与主人有联系且身份相当的女士作第二主人；若无适当的女士出席，可把主宾夫妇安排在主人的一侧。

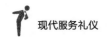
二、餐具礼仪

（一）使用筷子的动作要领

中餐餐具礼仪具体表现在筷子的使用上。中国人自古使用筷子，筷子在中国几千年的饮食文化中有着独特的意义，因此，中国人对筷子的使用是非常有讲究的。

右手五指自然弯曲执筷，大拇指上部、食指和中指夹住一根筷子，大拇指底部和无名指夹住另外一根筷子，小指自然弯曲。夹菜时，食指和中指向内弯曲，使第一根筷子靠紧第二根筷子，从而将食物夹住。整个过程中，只有食指和中指才会动，其他手指都是不动的；对于筷子则是上面的筷子动，下面的筷子静止不动。

（二）勺子的礼仪规范

1. 勺子

勺子的主要作用是取食物。尽量不要单用勺子去取菜。在舀取食物后，可以在原处停留片刻，待汤汁不会再往下流时，再移到碟中食用。

暂时不用勺子时，应将其放在自己的碟子上，不要把它直接放在餐桌上或是立在食物中。用勺子取食物后，要立即食用或放在自己碟子里，不要再把它倒回原处。如果取用的食物太烫，不可用勺子舀来舀去，也不要用嘴对着吹，可以先放到自己的碗里或碟子里等凉了再吃。不要把勺子塞到嘴里，或者反复吮吸、舔食。

2. 碟子（骨盘）

碟子的大小小于菜盘，主要用来置放从菜品里取来享用的菜肴。用碟子时，一次不要取放过多的菜肴，也不要把多种菜肴堆放在一起，这样既有损用餐人的形象，也容易让食物串味，不好看，也不好吃。

吃剩的残渣、骨、刺不要吐在地上、桌上，而应轻轻取放在碟子前端，放的时候不能直接从嘴里吐在碟子上，要用筷子夹放到碟子旁边。如果碟子放满了，可以让服务员更换。

3. 杯具

中餐的杯具主要有三种：白酒杯、红酒杯和水杯。值得一提的是，水杯主要用来盛放清水、汽水、果汁、可乐等软饮料，不要用它来盛酒。不管哪种杯具，在使用时都不能倒扣在桌子上，喝到嘴里的东西也不能再吐回到杯子里。

三、上菜礼仪

（一）中餐上菜的一般顺序

中餐上菜要按照餐桌顺序和顾客的需求合理安排，上菜的主要原则是：先冷菜，后热菜；先咸味菜，后甜味菜；先佐酒菜，后下饭菜；先荤菜，后素菜；先特色菜，后普通菜；先干菜，后汤菜；先浓味菜，后清淡菜；先主菜，后点心、水果。如遇特殊情况则要特殊处理，基本原则是：拼盘先上，鲜嫩清淡先上，名贵的食品先上，本店名牌菜先上，易走味的菜先上，时令季节性强的菜先上。如有两桌或两桌以上的宴席，上菜要看主桌，但上菜的数量和时间应大体一致，不可厚此薄彼。一般情况下，上一道新菜就要把旧菜撤下去，但遇到特殊情况，如有的客人还想继续吃这道菜，或主人喜欢桌上丰盛一点，应将旧菜推向副主人一边，把新上的菜摆在桌中或主宾处。撤去旧菜前须事先经主人同意。

（二）中餐上菜位置

零点上菜，服务员要从顾客的右侧上菜；宴会上菜，一般选择从副主人的右侧上菜，也可以选择在两位陪同之间的空隙上菜。

6.3.2　西餐礼仪

1. 饭店预约礼仪

西餐正餐进餐时间比较长，因此需要预订，越高档的饭店越需要早预订。预订时，要说清用餐人数和时间，说明对位置的要求，如视野开阔区或靠窗的位置。如果是生日或其他特别的日子，可以告知宴会的目的和预算，方便服务人员协调和安排。西餐最基本的礼仪是在预定时间内到达。

2. 座次礼仪

西餐的座位与中餐有相当大的区别，中餐多使用圆桌，而西餐一般都使用长桌。如果男女二人同去餐厅，男士应请女士坐在自己的右边，还得注意不可让她坐在人来人往的过道边。若只有一个靠墙的位置，应请女士就座，男士坐在她的对面。如果是两对夫妻就餐，夫人们应坐在靠墙的位置上，先生则坐在各自夫人的对面。如果两位男士陪同一位女士进餐，女士应坐在两位男士的中间。如果两位同性进餐，那么靠墙的位置应让给年长者。入座或离座时，应从座椅的左侧进出。举行正式宴会时，座席排列按国际惯例：离主桌的位置越近，地位越高。西餐礼仪是男女交叉安排座次，即使是夫妻也是如此。

3. 服饰及入座礼仪

吃西餐时应穿着得体，去高档的餐厅，男士要穿着整洁的上衣和皮鞋；女士一般穿套装和有跟的鞋子。如穿正式服装，男士必须打领带。西餐讲究"女士优先"，进入餐厅时，男士应先开门，请女士进入。如果有服务人员带位，也应请女士走在前面。餐点端来时，应让女士优先试菜。如果是团体活动，也是让女士们走在前面。

应邀出席宴请活动，应听从主人安排。如果是宴会，入座时注意桌上座位卡是否写着自己的名字，不可随意乱坐。如邻座是年长者或女士，应主动协助他们先坐下。应从椅子的左侧入座，就座后，身体要坐端正，手肘不要放在桌面上，不可跷足或随意伸出，影响别人，身体与餐桌的距离以便于使用餐具为佳。上臂与背部要靠到椅背，胸部距餐台有一拳的距离。餐台上已摆好的餐具不要随意摆弄，将餐巾对折轻轻放在膝上。

4. 餐具礼仪

（1）刀叉的摆放

西餐刀叉的摆放以装饰盘为中心，左叉右刀，叉齿向上，刀口朝盘。每个餐位刀叉不多于三副，最先使用的摆在外面。西餐讲究吃什么菜用什么餐具。

如果吃到一半想放下刀叉略作休息，应把刀叉以"八"字形状摆在盘子中央。若刀叉突出到盘子外面，不安全也不好看。

（2）刀叉的使用

刀叉使用的基本原则是右手持刀或汤匙，左手拿叉。若有两把以上，应从最外面的一把开始向内依次取用。刀叉的拿法是轻握尾端，食指按在柄上。

食物上桌后用叉子压住食物的左端，顺着叉子的侧边用刀切下约一口大小的食物后，用叉子将食物送入口中。刀叉使用时应注意姿势：面向食物端正坐好，肩膀与手腕放松，两臂贴着身体，手肘不要过高或过低，刀叉与餐盘呈倾斜角，用叉将食物紧紧按住，轻轻移动刀子，压住时可用力。这样一来，不但能轻易地将食物切开，姿势看起来也相当优雅。汤匙则用握笔的方式拿即可。如果感觉不方便，可以换右手拿叉，避免频繁更换。吃体积较大的蔬菜时，可用刀叉来分切。较软的食物可放在叉子平面上，用刀子整理一下。

刀叉有不同规格，用途不同其尺寸也有区别，不同的菜品使用不同的餐具。吃肉时，不管是否要用刀切，都要使用大号的刀。吃沙拉、甜食或一些开胃小菜时，要用中号刀，叉或勺一般随刀的大小而变，西餐餐具是配对使用的（汤匙除外）。喝汤时，要用大号勺，而喝咖啡和吃冰激凌时，则用小号勺。

5. 用餐礼仪

（1）面包的吃法

用手拿取面包，而不要用叉子叉取。拿取后用两手撕成适合入口的小块，涂抹适量的黄油后送入口中。

吃硬面包时，用手撕不但费力而且面包屑会掉满地，此时可用刀先切成两半，再用手撕成块来吃。避免像用锯子一样割面包，应先把刀刺入一半。切时可用手将面包固定，避免发出声响。

（2）酒的饮用

服务人员来倒酒时不要动手去拿酒杯，而应把它放在桌上。正确的握杯姿势是用手指握杯脚。为避免手的温度使酒温升高，应用大拇指、中指和食指握住杯脚，小指放在杯子的底台固定。喝酒时不是吸着喝而应倾斜酒杯，将酒液倒入口中。可以轻轻摇动酒杯让酒与空气接触以使酒更加醇香，但不要猛烈摇晃杯子。此外，一饮而尽、边喝边透过酒杯看人、拿着酒杯边说话边喝酒、吃东西时喝酒等，都是失礼的行为。不要用手指擦杯沿上的口红印，用面巾纸擦较好。

（3）汤的喝法

喝汤时严禁将碗端起直接喝，应用汤匙舀起，汤匙不要盛满，避免滴洒，将汤匙的底部放在下嘴唇的位置将汤送入口中，汤匙与嘴部成 45°较好。如果汤较热，应待汤凉一点了再食用，不能用嘴吹汤匙或碗中的汤，也不能用汤匙搅拌碗中的汤。

6. 咖啡礼仪

品尝咖啡已经成为现代社会的一种普遍现象。虽然喝咖啡的氛围大多是轻松愉快的，但也应注意一些礼仪。

（1）喝咖啡小步骤

①先喝一口冷水，清洁口腔。

②喝咖啡应趁热，因为咖啡中的单宁酸很容易在冷却的过程中起变化，而使口味变酸，从而影响咖啡的风味。

③先趁热喝一口不加糖与奶精的黑咖啡，然后加入适量的糖，最后再加入奶精。

（2）喝咖啡的注意事项

①拿咖啡杯。在餐后饮用的咖啡，一般都是用袖珍杯子盛的。这种杯子的杯耳较小，手指无法穿过。但即使是用较大的杯子，也不要用手指穿过杯耳。正确的拿法应是用拇指和食指捏住杯把儿将杯子端起。

②给咖啡加糖。给咖啡加糖时，砂糖可用咖啡匙舀取，方糖可先用糖夹子夹到咖啡碟的近身一侧，再用咖啡匙放到杯子里。如果直接用糖夹子或用手把方糖放入杯内，有时可能会使咖啡溅出，弄脏衣服或台布。

③用咖啡匙。咖啡匙是专门用来搅拌咖啡的，饮用咖啡时应当把它取出来。不要用咖啡匙舀着咖啡一匙一匙地喝，也不要用咖啡匙来捣碎杯中的方糖。

④咖啡太热的处理方法。刚刚煮好的咖啡太热，可以用咖啡匙在杯中轻轻搅拌使之冷却，或者等自然冷却后再饮用。

📍 **小案例**

小梦是一家咖啡店的新员工，在上岗前接受了专业的培训。一次他为客人的咖啡杯中加糖时不小心将咖啡液溅到了客人身上，他急忙给客人道歉。客人拒绝接受道歉，小梦无奈只好给客人免单，用自己的工资填补免单的费用。

请问：

①是什么原因导致小梦加糖时把咖啡液溅到客人身上的？

②应该怎样避免这样的情况发生？

6.4　外事礼仪

🔘 任务导入

人与人之间、国与国之间的交往，应以礼相待，相互尊重和表示友好。交往过程影响着一个国家的形象。因此，学习和遵从外事礼仪规范十分重要。

🔘 任务解析

外事礼仪，亦称涉外礼仪或国际礼仪，是外事人员在涉外活动中应该遵守的一种行为规范。生活离不开交往，交往须讲礼仪。日常生活是这样，国际交往更应如此。在涉外活动中，不懂或者不讲礼仪，就会闹出笑话，甚至有损民族、国家的形象和利益。例如，"不卑不亢"是外事礼仪的一项根本原则。它要求每一个参与外事活动的人都必须意识到，自己在外国人眼里，代表的是自己的民族、国家。因此，要做到沉着得体、堂堂正正，而不要畏惧自卑、低声下气，也不要自大狂傲、放肆嚣张。

🔘 任务图解

图 6-11　外事礼仪

📍 **夯实知识**

6.4.1　外事礼仪的概念

外事礼仪涉及一个人在公共场合的仪表体态、言谈举止。作为国家、政党、团体、企业的代表进行外事活动的时候，给他人留下印象的好坏往往成为双方是否能进一步了解和交往的重要依据。因此，在对外社交场合，应当讲究必要的礼节，规范自己的行为。

6.4.2　外事接待礼仪

一、接待准备

外事接待单位为圆满完成接待任务，一般会组建专门接待小组，全面负责接待事宜。

接待工作开展前，首先应了解来宾的基本情况，弄清代表团的国别、成员名单、来访目的等内容。如需要根据客人要求预订宾馆或返程机票，还应提前收集客人的护照信息。掌握了以上情况后，应制定一份周密的书面接待活动日程安排表。日程安排应尽量事先征询客人意见，还要考虑客人的个人习惯和宗教信仰。日程安排表制定后应打印出来，要让客人抵达后人手一份。若能提前在客人出发之前以电子邮件提前告知，则更能凸显接待准备工作的充分和周密。当然，某些细节可以随后再补充，等客人到达后再向其提供更详细完整的日程安排表。

二、迎送

要依据客人的身份，确定迎送规格。根据国际惯例，主要迎送人通常同来宾的身份相当。遇有高层外宾来访，要按上级接待部门的通知要求安排相关领导出面迎送。应组织好迎送仪式，包括场地布置、献花、拍照、录像等，双方介绍方式、车辆顺序、座次安排、国旗悬挂等都要逐项落实。

迎宾时，外宾下飞机（车、船）后，礼宾人员应主动将迎宾人员的姓名、职务一一介绍给外宾，迎宾人员随即与外宾握手表示欢迎。如遇外宾主动与我方人员拥抱，我方可做回应，不要退却或勉强拥抱。如要献花，应安排在迎宾的主要领导人与客人握手之后进行。所献鲜花忌用菊花、杜鹃花、石竹花或其他黄色花朵。

乘车时，应先请客人从右侧上车，陪同人员再从左侧上车。待外宾与陪同人员全部上车后，再驱车去宾馆。途中，陪同人员应择机将有利于对外宣传的事物，如沿途所见的欢迎标语、人文景观等向外宾介绍。

重要外宾和大型团体来访时，应安排专人、专车取行李并及时送到客人房间。外宾抵达住处后，不宜马上安排活动，应稍事休息，给对方留下更衣时间。

三、会见

凡身份高的人士会见身份低的，或主人会见客人，称为接见或召见；反之，身份低的人士会见身份高的，或客人会见主人，称为拜会或拜见。接见和拜会后的回访称为回拜。

接见一方的安排人，应主动将会见时间、地点、出席人员，以及其他具体安排和有关注意事项告知对方。如需合影，还要事先安排好合影站位。

会见前，主人应在门口迎候客人，可以在大楼正门迎候，也可以在会客厅迎候。如果主人不到大楼门口迎候，则应由工作人员在大楼门口迎接，随后引入会客厅。会见结束，主人应送客人至车前或在门口握别，目送客人离去。

高级别领导之间的会见，除陪同人员和必要的译员、记录员外，其他工作人员均应退出。谈话过程中，旁人不要随意进出。

安排座次时，主宾应坐在主人的右边，译员、记录员坐在主人和主宾的后面。其他外宾按礼宾顺序在主宾一侧就座，主方陪同人员在主人一侧就座，座位不够可在后排加座。

四、会谈

会谈是指双方就某些重大的政治、经济、文化及其他共同关心的问题交换意见。会谈内容较为正式，且政治性或专业性较强。

会谈前要组成专门班子，确定主谈人。我方主谈人的职级要与对方主谈人相同或相近，双方会谈人数大体相等。同时要准备会谈提纲，如需在会谈结束时双方签署《会谈纪要》或《协议书》，应事先草拟好。

会谈由主谈人主持，其他人员未经主谈人许可，不得随便发表意见。如有不同看法，可写纸条递给主谈人，供主谈人参考。如主谈人请大家做补充发言，其他人可按主谈人的谈话口径做适当补充。

会谈通常用长方形、椭圆形或圆形的桌子，宾主按各人名牌所示相对而坐，以正门为准，主人占背面一侧，外宾面向正门。主谈人座位居中。

五、签字仪式

1. 流程

参加签字仪式的，基本上是双方参加会谈的全体人员。为了对所签订的协议表示重视，往往由双方更高级别的领导出席签字仪式。

一般在签字厅设置一张长方桌作为签字桌，桌面覆盖深色台呢，桌后并列摆放两把椅子，供双方签字人使用，主左客右。座前摆放各自文件，旁边分别放置签字笔，中间摆一旗架，悬挂签字双方国家的国旗。

仪式开始后，双方参加签字仪式的人员进入签字厅，签字人入座，助签人分别站在签字人外侧，其他人员按身份顺序落座。签字时，由助签人协助翻揭文件，指明签字处，本方保存的文件上签毕后，由助签人互相传递文件，再在对方保存的文件上签字，签妥后由双方签字人交换文件，相互握手。有时备有香槟酒，签字后，共同举杯庆贺。

2. 注意事项

国旗是国家的象征。涉外活动中，我们往往通过悬挂国旗表示对本国的热爱和对他国的尊重。

按国际关系准则，一国元首、政府首脑、议会议长在他国领土上访问，有在其住所及交通工具上悬挂本国国旗的外交特权。

国际会议上，会场外须悬挂每个与会国国旗；国际性体育、展览等活动中，也要在有关正式场合悬挂所有参与国家的国旗。

悬挂双方国旗，以右为上，左为下。两国国旗并挂，右挂客方国旗，左挂本国国旗。双方会谈时，主客双方分别在各自桌上用旗架悬挂本国国旗。

国旗不能倒挂，也不能反挂。

六、宴请

1. 宴请的时间

宴请的时间应对主客双方都合适，注意避开对方的重大节假日及有禁忌的日子。例如，伊斯兰教徒在斋月内白天禁食，宴请应安排在晚上。

举办宴请活动，一般应先发请柬，这是礼貌。请柬内容包括活动形式、时间及地点，应邀人的姓名，对服饰的要求，是否要求回复等。请柬行文所提及的人名、单位名、节日名都应用全称。正式宴会最好能在发请柬之前排好席次，并在信封下角注明席次号。

2. 宴请的种类

宴请分正式宴会、便宴、冷餐招待会、酒会、茶会等形式。

（1）正式宴会

宴会厅的布置应该严肃、庄重、大方。不要用霓虹灯装饰，可以少量点缀鲜花。

用餐前二十分钟，应将冷盘放好。花式冷盘，如凤凰、孔雀、蝴蝶等拼盘，头要朝向主位。食品、饮料摆好后，服务人员不要离开餐厅。宾主落座后，即可斟果酒、汽水等，酒水斟八分满即可。

宴会如有讲话，要拟好书面讲稿。主人、主宾讲话在宴会开始时进行。讲话时，其他人员不得用餐。主桌首次起立祝酒时，其他桌也应起立祝酒，一般情况下，主桌祝酒之前，其他桌不可起立或串桌祝酒。

宴会进行中，主人和陪客应同多位外宾交谈，不要只和个别外宾或我方人员交谈而冷落其他客人。

（2）便宴

便宴不排座位，不作正式讲话，菜肴道数亦不多，气氛较轻松。

这是现代国际交往中经常采用的一种非正式宴请形式（有时由参加人各自付费），利用进餐时间，边谈问题边进餐。此类活动一般只请与工作有关的人员。

（3）冷餐会

一般在招待人数较多时举行，规格有高有低，一般选址在较大的场所，设餐台、酒台，食品较丰富。由客人自取餐具、食品。酒水由服务人员端送，也可自取。

（4）酒会

酒会又称鸡尾酒会，除了有鸡尾酒外，还有其他非烈性酒及各种果汁。食品多为三明治、面包、炸春卷及香肠之类的小吃，人们可用牙签取食。一部分饮料和食品事先摆在茶几上，另一部分由服务人员以托盘端送。酒会可自由入座，也可不设座椅，站立进餐，以便于进餐者自由活动和攀谈。酒会一般在傍晚举行，时间较短。

（5）茶会

茶会是一种更为简便的招待形式，常在客厅或室外花园举行。不排席位，可以随便就座，主宾和主人坐在一起。茶会主要是请客人品茶，茶叶、茶具的选择应该讲究。除茶之外，还可略备点心和地方风味小吃。

七、摄影

在对外活动中，摄影人员（包括摄影记者）一般都应该在现场抓拍，不可根据摄影的需要摆布他人，也不应用手推开镜头前的人，必要时可说："对不起，请让一下。"

拍合影时，接待人员安排好宾主就座后，摄影人员应该迅速拍摄，不要让大家久等。

拍摄照片一般不要特写，特别是不要给女性外宾拍肖像，如必须拍摄，应征得当事人的同意。

八、家庭接待

家庭接待应以"亲切、自然"为原则，一切按本地风俗习惯行事。接待前后应注意如下几点：

①接待前做好室内外的清洁工作，以示对客人的尊重。

②保持良好的精神面貌。注意衣着整洁，服饰应与环境协调，如在农田劳动不宜穿西装、打领带。还要避免全家老少人人一身新衣。

③展示家庭劳动、生活等内容，要本着实事求是的原则。

④遇有外宾在活动中提出新要求，要以我方陪同人员的意见为准。

九、鲜花礼仪

鲜花是友谊的象征，是人们普遍用来表达感情的信物。

国际礼仪中常见的花语有：紫藤花表示欢迎，白百合花表示纯洁，玫瑰表示爱情，康乃馨表示母爱，万寿菊表示悲哀，豆蔻表示别离。

宴会上，用与来宾国家国旗颜色相似的花朵装点宴会厅，是对来宾的礼遇。会谈（洽谈）室用鲜花加以布置，能营造出生机盎然的气氛。在客人下榻的宾馆房间摆上一束迎宾鲜花，能给客人一种宾至如归的感觉。

6.4.3　外事礼仪规范和禁忌

礼仪，也就是礼节，是在社会文化生活和国际交往中不断发展、演变和成熟的。在中国历史上，周公为周朝制定了种种典章制度，即所谓"周礼"，要求诸侯遵行，为此后中国历代王朝的礼仪规范奠定了基础。孔子的儒家学说进一步强化了"礼"在封建统治中的地位，并成为中国传统文化中的一个重要的内容，使中国成了世界闻名的"礼仪之邦"。实际上，在这里礼仪成了一种统治手段和行为规范，大大超出了其礼节的意义层面。在西方，礼仪（etiquette）一词，也往往指上流社会中的行为规范和宫廷礼仪，至于平民百姓，则只要求他们遵循统治阶级的法律就可以了，这与中国古代"礼不下庶人，刑不上大夫"是不谋而合的。

有了国家，随后也就相应出现了国家之间交往的礼仪，即国际礼仪，也称作外事礼仪。国家间的礼仪是在国内礼制的基础上发展起来的，其基本原则和精髓承袭了本国的礼制，比如，封建时代的中国国君在接见国外使节的时候，都要求使节以臣的身份拜见。但随着时代的发展，礼仪的内容和形式也在发生巨大的变化，并逐渐形成了一种普遍的规范，逐步为大多数国家所认可和接受。

现代国际礼仪基本上是在欧洲产生和发展起来的。到了 17 世纪以后，由于商品经济的发展，国际交往日益频繁，欧洲各国纷纷制定相应的礼仪与礼节，对于现代外事礼仪的形成产生了深远的影响。

一、问候与行礼的礼仪规范

初次见面时，人们会行礼以示礼貌和友好。而外国宾客问候和行礼的习惯与我国有较大的差异，相关人员在接待外宾时，应按照他国的习惯行之，才能正确地表达礼貌与友好。

二、介绍的礼仪规范

初次见面时，通常相互之间要进行介绍。介绍的方式有很多，一般是由主方的工作人员，将主方迎接人员按身份高低依次向对方介绍；也可以由主方中身份最高的人员为其他人做介绍。在有些场合也可以用交换名片的方式做介绍。

介绍时应讲清国籍、单位、职务和姓名。介绍的顺序为：按来宾的身份，把身份低的介绍给身份高的人；按来宾的年龄，把年幼者介绍给年长者；按来宾的性别，将男士介绍给女士；按来宾的婚姻状况，将未婚者介绍给已婚者。另外，向他人介绍时，要用手掌示意，不要用手指示意；被人介绍时，应在点头、微笑的同时问好；听人介绍时，应全神贯注，切勿心不在焉。

三、称谓的礼仪规范

在人们见面或交谈时，得体的称谓往往能使彼此相处更融洽，与外国人打交道时亦是如此。只是由于各国的风俗习惯和语言的不同，在称谓上存在差异，相关礼仪人员应学习外国人的习惯性称谓。

可以按性别，职称、官衔，姓名，或是国家体制的不同进行区别称谓。

按性别进行区别称谓是一种最常见也较方便的方式，因为性别一目了然，一般不易出错。按照惯例，对大多数国家的来宾，男士称先生（Mister）；女士，已婚的称夫人（Mistress），未婚的称小姐（Miss），在不明婚姻情况时，无论未婚或已婚的都可称女士（Madam）。

按职称、官衔进行区别称谓是接待外国来宾时经常采用的称呼方式，尤其是在一些正式的场合，如"议员先生""总经理先生"；对担任部长和部长以上要职的人士，也可称"阁下"；对有学位的人士，可以其学位相称，如"博士先生"；对军人一般称军衔，如"上校先生""中尉先生"；对教会中的神职人员，可按其宗教职位称呼，如"牧师先生""神父先生"。

国家体制不同，称谓也不一样。君主制国家对国王和皇后称"陛下"，对王子、公主或亲王称"殿下"，对有爵位的人士，可按其爵位相称，如"公爵先生"；对社会主义国家的各种人士，可称"同志"，有职衔的可以加上职衔，如"书记同志""部长同志"等。

四、外事活动的禁忌

在涉外活动中，应了解外国人的种种忌讳，避免不礼貌情况的发生，这是十分重要的。

1. 数字禁忌

"13"这个数字被西方人视为不祥的象征，甚至门牌号、旅馆房号、宴会桌号都要避开这个数。据说它源于宗教典故：出卖耶稣的犹大在最后的晚餐中坐在了第13个座位上，又由于耶稣受难的日子恰好是13号星期五，因此西方人在既是13号又是星期五的那一天一般不举行活动。英国剧院中找不到13排13号的座位，美国剧院的座位即使有13号也以半价出售。此外，非洲的加纳、埃及，亚洲的巴基斯坦、阿富汗、新加坡等国家也不太喜欢这个数字。

2. 花卉禁忌

送花在国外非常普遍。由于习俗不同，某些花的含义在不同的国家也有区别。如荷花在中国有"花中君子"之称，而在日本却被认为是不祥之物，用于祭奠；郁金香在土耳其被看作爱情的象征，但德国人却认为它是没有感情的花；菊花是日本的国花，象征着富贵，而在比利时、意大利和法国人眼中，却与死亡相关；在法国不要送康乃馨，因为它表示不幸；在日本去医院探视朋友不能送白花，那表示不吉祥。

3. 宗教禁忌

无论在东方还是西方，宗教都已渗透到外事礼仪的众多方面。在欧美国家要考虑到基督教等信仰的影响，在中东地区要考虑到伊斯兰教等信仰的影响，在东南亚一带则不能忽视佛教的存在。对于信奉佛教的泰国人来说，所有的神像都是神圣的，不经允许不准拍照。

✏ **项目小结**

随着现代社会人际交往的日益频繁，人们对个人礼仪越来越关注。正所谓"不学礼，无以立"，学礼仪不单是为了穿衣戴帽，还能了解为人处世的大学问。如今各行各业的竞争越来越激烈，同类产品的选择越来越多元化，顾客所购买的已不仅是产品本身，工作人员的态度、与商品相关的服务是现在顾客选择产品的新标准。本项目内容主要从日常接待礼仪、商务交往礼仪、餐饮服务礼仪和外事礼仪进行分析，希望学生们真正理解其内涵，并通过良好的行为举止表现出来，从而达到礼仪教学的目的。

👥 **实践体验**

1. 任务内容

餐饮摆台练习与外事接待礼仪练习。

2. 任务要求

①练习中餐与西餐的摆台流程。

②以小组合作的方式，组内一部分同学扮演外宾，其他同学扮演外事工作人员，进行外事接待礼仪练习。

3. 评价要求

根据任务完成的情况，在素养评价表（见表6-2）中对各个指标进行评分，每一个指标最高分10分。可以是自评，可以是同学评，也可以是师评。

表6-2   素养评价表

指标	仪态仪表	语言表达	介绍内容	表情自然	身体姿势	整体效果
得分						